U0141925

旅痕 — 散文集

攝於法國羅浮宮

李 玉 蒼

旅遊人生——

夫天地者，萬物之逆旅，
光陰者，百代之過客。
浮生若夢，爲歡幾何！

——李白

收穫是喜悅的——序《旅痕》

收穫是喜悅的，出書也是一種收穫也是一種喜悅。

『旅遊是我的最愛，也可說是我生命的一部份・・・・』李玉不但是一位文藝工作者，也是一位傑出的攝影家。為了紀錄他生命的最愛，為了捕捉得意的題材，他愛山愛水，愛萬有的大自然，他健康的步履，國內國外，千山萬水，祇要認為至真至善至美者，都獵入他的鏡頭。但記憶可能忘記，照片可能損壞，惟有文字的記載才能千年萬古。於是他用相機畫山水，用筆寫山水，山水中的情感與神韻，盡在他的文字中，《旅痕》的出版，就是最好的見證。

近年來，李玉勤於寫作，見日後出版了《心弦詩集》的詩集，和短篇小說集《走過的歲月》。如今，他的散文集《旅痕》又要出版了，詩、散文、小說都成為他的專長，作品在技巧結構上雖非爐火純青，在創作的語言意境上尚須推敲，但以他年齡而言，這種創作力卻也會令人敬佩，值得「讚」也。

李玉是個好朋友，直爽、坦誠，沒有心機，不玩花樣，「文如其人」，他的作品也是這樣。《旅痕》的內容是他走過的足跡，台灣的風光名勝，島外的異國山水，他自己雖自謙筆下僅能描述世俗皮相，但讀後，其內容仍令人有身臨其境的衝動：從大英博物館中國館陳列的石雕人頭，想到中華古物的被竊之痛！從麻六甲的遺跡想到當初三保太監鄭和下南洋的壯舉，觸景生情的描寫，有著令人神采飛揚，有著撩人緬思低迴，這又豈能說是「走馬看花」？

《旅痕》雖未能逐字咀嚼，但亦博覽其全貌。其中最感人肺腑者，厥為《返鄉抒懷》，這篇一萬五千字的記敘文應為全集的骨幹：

「台灣海峽好寬啊！這讓七四七飛了四十六年！」

「粵漢鐵路好長啊！竟讓特快車馳了四十六年！」

「少小離家老大回」的李玉，故鄉土、故鄉人、故鄉情、的感觸，使他蘸著淚水寫這篇作品，寫四十六年的懷鄉夢，寫分別了四十六年後擁抱的親情：

「堂侄領我走進陌生的家，與陌生的哥哥相擁而泣久久，需要久久的擁抱，需要緊緊的擁抱，因為四十六年的疏離太鬆太寬了！淚雨儘情地灑吧！淚河激情地淌吧！因為四十六年的親情塵封太厚了，須要沖涮！・・・・屋裡屋外擠滿了親人，陣陣的唏噓之聲在滂沱的淚雨中蕩漾著，蕩漾著，一張張苦難浸泡過的臉，・・・・多少相思，多少牽掛・・・・」

沒有離開鄉土的人，不知鄉土之可愛，離開鄉土近半個世紀的李玉，一旦踏上家門，又是何等的心情。在本篇中他以自然情感的流露，細膩的寫人敘事，字字扣人心弦，感人下淚。作品的好壞，內容是否能惹人衝動，也為主要因素。

與李玉相交年限不深，現在卻成為摯友，無他，性情相投也，這也是我連續為他作序的原因。

收穫是喜悅的，出書也是喜悅的！

李　冰　謹識

一九九九年八月

《旅痕》自序

旅遊，是我的最愛，也可說是我生命中的一部分。揹著相機，徜徉於山水間，真是我最大的享受，而我卻不是一個旅行家。

詩人余光中先生的「文化之旅」，把旅行分為三段：「展望、體驗、回顧」又把旅客分成：「消費者、觀光者、旅行家」。我想，充其量我只能算是一個觀光客，因為潘耒有言：「無出塵之胸襟，不能賞會山水；無濟世之肢體，不能搜剔幽秘；無閒曠之歲月，不能秉性逍遙」。一位真正的旅行家，該具備此三要件才是。

個人才疏學淺，當面對如詩如畫的美景，大都只能描述它的世俗皮相，或盡己之所能的，將風景名勝的意境，釀成一篇篇的詩文。而隨旅行團趕鴨式的交通往返，也只能坐車看花，偶爾浮光掠影，道聽途說一番而已。因此，看山仍是山，寫水還是水，文詞亦難有超塵雋永之美。

《旅痕》是個人的旅遊紀錄，當中我把有關的史地、當時的心靈感受、與景物的一番對話，貪婪地全然攝入鏡頭。它能喚醒塵封的記憶，隨時能讓人重臨斯景，重溫斯情。東坡居士有詩曰：「人生到處知何似，恰似飛鴻踏雪泥，泥上偶然留指爪，鴻飛那復計東西」。走過的路，必留下痕跡；而《旅痕》是一道更為深刻的痕跡，能讓自己在未來的歲月中，閉目神遊時，有跡可尋，這真是一件令人快樂的事！

最後，感謝李冰老師再次賜序，勉勵指正。也感謝老伴的支持；慎芬的資助；慎政、慎德的繕打編排；莒光的校正及『高雄市文化基金會』的獎助，使書得以順利付梓。

李玉 于懷沖齋

主后一九九九年十月廿一日

旅痕散文集　目錄

返鄉抒懷

終於踏上來時路

君自故鄉來，應知故鄉事，
來日綺窗前，寒梅著花未。

王右丞王維先生，他老人家當年關心的是窗前的那株寒梅開了沒有？而我對故鄉四十年的相思，又加上六年的苦待，想知道的事太多太多了，豈只一株寒梅呢？儘管這方面的報導文章，汗牛充棟，但八月十五看月亮，各人有不同的感受！

說起來我土得很可以，生平第一次坐飛機，第一次「出國」，且是七四七的大飛機，一切都感到新奇，看到的是洋文，聽到的是洋話，令人如夢如幻的置身外國，但放眼所及，不都是跟我一樣，一欉欉的黑頭髮，它下面蓋著的還不是黑眼珠以及一張張黃皮膚的臉。我不解地冥想．．．．冥想！

哦！頓時有一種發現新大陸似的高興。是國際航線嘛！當飛機降落啟德機場，前輪著地，「嚓」！的一聲，把我的思緒又拉回現實中：

台灣海峽好寬啊！
竟讓七四七飛了四十六年！

陰雲霏雨，沖涮著繁忙的啟德機場，也在冷卻一顆顆炙熱的歸心，洶湧的彩色人潮，一股一股地流向每道入境的閘門，關員們的黑眼珠，卻放射出藍色的光芒，上翹的嘴角，仍然掛著那股大英帝國日不落的傲氣。九七將臨，來日無多，何不把它塞進回味呢？都是中國人嘛，有什麼好神氣的！

但話又得說回來，盎格魯撒克遜的日落了，但他們是值得驕傲的，看香港九龍吧！僅有的出產就是海水，百年來他們用輪船的槳，把世界連在一起，用輪船的錨，把海水擣成熠熠發光的明珠，居然諷刺地聳立在貧窮落後而晦暗的祖國邊緣，偉大的龍的傳人啊！且讓我們一起偉大地慚愧吧！擁有天空運轉的人造衛星、原子彈，卻不知道抽水馬桶為何物？誰能替五分之一的地球人解釋呢？

從啟德機場到九龍火車站，放眼所及，儘是一個模型的高樓，一幢一幢的聳立著，似乎是桂林山水的仿製品，只是水泥叢林而已。街道小，店鋪也小，但如梭的車輛，卻井然有序的流動著，聽不到高雄那種刺耳的喇叭聲，在在可以看到人民守法的精神，同樣是黃皮膚的中國人，為什麼在香港能，在台北在北京就走了樣呢？大概是劣根性作祟吧！

一間房子幾道牆

在九龍站，又得辦出入境。拖著沉重的行李，上下數十級的台階，在人潮中爭先恐後的掙扎著，還得提防扒手的侵襲，汗流浹背地咬緊牙，好像又回到抗戰時期逃難的情景！天啦！這是太平盛世啊！這原是一幢房子啊！何時能將隔間的厚牆拆除，讓百姓出入方便呢？我們一同祈禱吧！

從九龍到廣州的直達特快車，於十二時二十五分準時開車，把行李安頓好，汗也息了，那華而不實的空餐盒，早已消化到九霄雲外，頓覺飢腸轆轆，服務小姐推來一般老百姓吃不起的盒餐（便當），卻不要人民幣，港幣也可以，美金最歡迎！我在內心不禁又在喊天啦！在偉大人民的祖國國土上，居然拒用偉大人民的人民幣，這不是自取其辱嗎？在國際舞台上做巨人，在經濟上何必自貶成侏儒呢？我跟服務員講道理，她只是笑而不答，讓你啼笑皆非，這招很高明。價錢雖貴，但飯菜簡直不成比例，幾塊半生不熟的瘦鴨塊，幾條老掉牙的豆角，還有粗糙得不能再粗糙的飯，端在胸前，楞了很久，同行的老同學蕭湘說：「入鄉隨俗吧！在大陸吃到那裡都一樣，慢慢會習慣的。」，我咀嚼著，體會粗糙的滋味，也悟到了真理。

正因為大陸有此粗糙的食米，也磨練出大陸同胞每個人都有一個健康的胃，正因為有健康的胃，才能消化眾多的苦難，而甘之如飴。台灣胃病何其多，正因為大家都在吃「軟飯」所致啊！

車行平穩，倚窗想睡，但被窗外一幕幕飛逝而去的景觀所吸引，沿線都在修公路鐵路，搞經濟特區，在現代化的今天，一切工程看不到怪手及推土機，仍然是鋤頭挖，畚箕挑，曾有人問過有關當局，為何不用機器呢？據說使用一部推土機的話，會有兩百人失業，使用人力才是合符最高經濟效益的。下雨天打孩子，閒也是閒著，中國嘛，有的是人，缺的是錢啊！同時告訴你，世界上最偉大的工程—萬里長城，竟沒有使用到機器，全由人工造成的！

站前廣場萬花筒

車抵廣州，下午三點半、下得車來，萬頭鑽動，與蕭湘夫婦鑽前鑽後的好不容易找到台胞專用的出口閘門，眼看「歡迎台胞」的標語字跡依然鮮紅，但海關人員的表情卻是褪成了冰冷，因為高潮已過了。拖著行李，手持護照通過三關，走到出口，真有人海茫茫之感，翹首踮足，好不容易看到手持名牌的旅行社接待人員，那種心情，就如同在汪洋中抓到浮木。他領著我們往候車室走，後面跟了一大群，有扛行李的，換外幣的，還有乞討的，就好像蒼蠅見了血似的揮之不去，尤其那個骨瘦如柴的小孩，牽著我的衣角，那種令人同情憐憫的眼神，不由我得手伸進口袋，摸著一枚拾圓台幣，正要拿出來給的時候，卻被旅行社的那位先生及時阻止住。並且警告我：「善門易開難關，你給了一個，馬上擁來十個一百個！」我一時口瞪目呆，偶發的善心，頓時在現實的意念中消逝了。

廣州站，老舊的設備，實在有負「中國南方門戶」的美譽，「交通樞紐」的盛名，高而陡的台階，通往月台地下道昏暗的燈光，站前廣場麇集的盲流人群，可屬世界奇觀，普通候車室沒有座椅，任由坐臥的現象，正也合符人民的需要，因為等幾天買不到票，縱使買到票，幾天上不了車是常事，因此候車室就是免費住宿候車的地方，因此也見怪不怪了！

進入軟臥的候車室，好像到了另一個世界，坐的高級沙發，還有空調，高級的桃花窗帘，更襯托出它的高貴而氣派，一牆之隔，數十元之差，竟有天壤之別，能不令人浩嘆！我們三人進入候車室之後，如同進入了租界，門口有服務員把守，閒雜人等休想越雷池一步。在旅行社人員的忠告下，我們也不敢出門一步，一直坐到上車。

開往衡陽的特快，於十七時五十分準時開出，上車坐定，瞭望窗外，一輪血紅的落日，倒映在一座炊煙縷縷獨立家屋前的魚池中，好動人的美，不及取出相機，即擦身而過，我當時想，假若我是張大帥，一定要火車停下來拍了再走！

軟臥車廂隔成八間，每間兩張上下舖，住四人，加入一位遠從邵陽來送未婚夫的周小姐，未婚夫是台中人，在邵陽開工廠，她所問所談的，都是她切身的婚姻問題及夫妻之間的財產問題，談到目前大陸上的各種問題時，總是保留三分，但她帶來的水果零嘴卻毫無保留地給大家分享。

夜深了，擴音機播放慣聽的歌曲也停了，把窗帘拉攏，讓閃爍的萬家燈火獨自閃爍吧！勉強自己閉上眼睛，靜聽車輪磨擦的節奏，如慈母哼的催眠曲，沒把我催進睡鄉，反而如聽貝多芬的命運交響曲，把我推進冥想：

粵漢鐵路好長啊！
竟讓特快車奔馳了四十六年！
車後是不堪回首。
前面是近鄉情更怯！

相思沸騰

整夜的思維，在重溫著舊夢，迷迷糊糊的抵達衡陽，時間是九月十二日的凌晨三時。嘈雜喧囂，又是廣州的翻版。黑暗的夜空，微冷的晨風、綿綿的淚雨，泥濘的路，遊子似箭的歸心！面對一群旅行社拉客的騷擾，令人感到一陣茫然，疲乏的身心，只有拖著沉重的行李往前走，快點離開混雜之地，去找唯一的依靠—中國旅行社。

蕭湘對中國旅行社依稀記得，因為有回來過，但又遍尋無著的時候，一位不大起眼的小姐說是旅行社的，並說原來的房子拆了，她帶我們去，在昏暗的燈光下，在泥濘的路上，她很熱忱地幫我揹行李，確實感人。誰會想到，這是偽裝的外衣，那裡是旅行社，原來是一般供人住宿的個體戶，好氣人啊！好在同行的那位周小姐仗義執罵，罵得那位騙人的小姐低聲下氣的賠不是之外，又幫我們把行李揹到原處，總算平息了心中的怨氣！

蕭湘與周小姐，東問西問的總算找到了中國旅行社，但要八點才上班。如此又面臨一個抉擇，必須預訂二十二日到廣州的車票，因為廣九的火車，港台的飛機不能誤！但距離上班還有五六個鐘頭，等的時間可以到家了，至於預訂車票的問題，大不了包車到廣州，有錢怕什麼！

人，就是很奇怪的動物，四十六年的漫長能等！五六個小時的短暫卻不能等，因為一顆歸心，已在鄉愁中沸騰到了頂點，就聽到幾百公里外的故鄉在急切地召喚，恨不得插翅疾飛而去，何堪再在他鄉凄風苦雨的深夜佇立路邊，苦待那度時勝年的五個鐘頭！去吧！坐上一部日本豐田二千的柴油車，奔馳在茫茫的黑夜，去追趕那綺麗的發愁黎明！

天亮了，放眼所及，儘是一望無際碧綠蔥翠約二期稻作，辛勤的農民，荷著鋤，在晨霧瀰漫的阡陌間巡視著。偉大的地主—中國共產黨啊！多少億的佃農在盡心盡力的耕作，沐雨櫛風，胼手胝足終年，所得到的只是一份粗飽而已！以農民運動起家的共產黨，對「穀賤傷農」的怨懟，豈可忽視載舟覆舟的道理！

有人說：中國人那種勤勞節儉的美德，已經盪然無存了，我想大概是人民公社吃大鍋飯人人混日子的年代所產生的現象。現在是「包產到戶」，每畝年繳二百五十斤，要生存，要生活，不容你不勤勞，要改善生活，唯一的希望是多生產，但收成再好，一年也難得有千元人民幣的收入！

或許有人會說：收入少不種總可以吧！問題是肯定的：不可以！農民沒有不種的自由，你不種的話，田租照樣上繳，還要受到重罰！

看我們出租車的胡師傅（目前大陸對司機的尊稱），他真是一位很前進的青年，他說他考上法律系不讀，寧可花三年的時間學開車。他說一個法官一個月只不過兩百餘元，而他月入萬元是稀鬆平常事，由此可見一切向錢看！

車行在碧綠的田野之間：喇叭一路按得震天價響，原來馬路上的行人是不讓車的，車得讓人，在這裡好像沒有遵守交通秩序的觀念，一條交通要道，硬被個體戶霸佔，短短的二百公尺，要磨上半個小時，把「人民至上」表現得淋漓盡緻。司機的謾罵，乘客的瞪眼，根本不關他們的事，佔個好位置，一點蔬菜、一隻雞、一隻鴨快點脫手，才是他們所關心的事。

台灣的交通秩序之亂，是世人所詬病的！我想只是世人沒有去過大陸的內陸吧！台灣是路少車多，而大陸是因為車少路多人更多的關係，交通設施更是付諸厥如。司機說：看一〇七號國道，從衡陽到北京，中間沒分道標線也沒有紅綠燈及指示標誌，車少路寬應該是海闊天空才對，但他感到的是提心吊膽，不但沿途要提防人，更要小心家禽家畜，談到台灣行人與車輛各走各的路，他認為不可思議！

抵邵東縣，已是日上三竿了，走進一家小店吃早點，沒有豆漿油條燒餅，只有米粉，米粉就米粉吧！蕭湘特別交代兩碗不要放辣椒，但端上來一塞進嘴就辣得吐舌擦眼淚，責問為什麼！老闆娘說：對呀！沒放紅辣椒呀！只是放了一點辣椒粉呀！把人弄得啼笑皆非，只好把湯倒掉，從新換湯才勉強吃了幾口。對我而言，辣不倒我，越王勾踐臥薪嚐膽，而我一直在吃辣，四十六年如一日！

從衡陽到邵陽沿途，差不多三步一間五步一家的酒家，在純樸的農村好不調和啊！農民喝不起，到底誰去喝呢？司機說，那是幹部們的銷金窟，也是賣酒兼賣色的場所。天啊！資本主義腐化的細菌，正日夜不停地向社會主義侵襲著，竟然變本加利，到了無孔不入的程度，然而在共產黨字典中，仍然查不到色情兩個字！好諷刺啊！

聚散何匆匆

司機說，邵陽快到了，我不禁回頭看，後座的周小姐快下車了。感到我們有緣，那是十二億分之一與四十六年的交會點，我竟然想到徐志摩那首膾炙人口的「偶然」多貼切啊！

你我相逢在黑夜的海上
你有你的，我有我的，方向
你記得也好，
最好你忘掉，
在這交會時互放的光亮。

雖然僅僅半天的同車，感覺上她就是我們當中的一員，望著她離去的背影，有點微微的悵然！人生聚與散好無常啊！

模糊漸漸明

日夜兼程，旅途勞頓，但未曾假寐，始終睜著眼搜尋，希望能看到夢中常見的景物。車過隆回縣，心情愈加的渴望著！掃瞄著！

第一眼看到的，是位在峽江書院傍的文昌塔，它建于咸豐十年，高四十三米，七級八方，鐵頂銅鈴，飛檐翹角，四十六年未見，它仍然硬朗地聳立江邊，左攬峽江，右抱群巒。好親切啊！頂上的那棵常綠樹在風中不停搖擺，好似在歡迎遊子的歸來！

文昌塔，是洞口的地標，在國民政府的時候，屬於武岡縣的平元鄉，我在少不更事的年代，曾在鄉公所擔任過半年的鄉丁兼戶籍員，經常進入苗區深山建立戶口資料，催徵民伕。那是抗戰末期，民窮財盡，國步維艱的年代。

我徘徊在當年的西南公路上，竟忘了自己是歸來的遊子，好似看到一輛一輛的木炭車，滿載軍需物資，不停地在塵土漫天的公路上奔馳，也載著全中國人抗戰到底的決心，奔向陪都—重慶！

洞口，很多參加八年聖戰的人都是知道，它是易守難攻，一夫當關，萬夫莫敵的戰略標點，它是緊緊地擋住日本帝國主義企圖奪取芷江機場，進攻陪都的最後據點，日本大軍在此鎩羽而退！聽說是苗族同胞用鳥銃把日本鬼子打得落花流水。想著想著，竟掉淚了—太多的人為八年抗戰而流離失所，太多的人為國家犧牲奉獻才有台灣的光復，而今天政客們在吃飽喝足高度享受之餘，還要消滅中華民國，撫今思昔，能不痛心傷感！

神已安排

看看錶，是十一時卅分。看看街，往日稀稀落落的幾間店鋪，現在已成鬧市，人車不分熙來攘往的人潮，好似趕集的場合，滿耳盡是快速而濃重的鄉音，如置身國外。因為塵封了四十六年的母語帶，一時無法倒帶播放啊！鄉親！抱歉了！

糟糕！原來約定是十三日到，整整提前了一天，又是禮拜天，茶場無人上班，電話沒人接，回家的老路已廢，新的馬路又不知走的方向，更不願在家門外再苦候一天！

「平時不燒香，臨時抱佛腳」，但基督徒卻將日常生活上的事事務務都放在禱告與感恩之中。我是基督徒，信靠神，也依賴祂，更感到祂與我同在，因為旅途中事事順利，更相信緊要關頭，祂絕不會丟下我不管的！其實神早就替我預備得很週到。原來蕭湘的朋友，託他帶信給洞口街上的妹妹，午餐時，他妹夫譚先生說他知道我家的方向，最難得是在租車極為困難的情形下，竟能借到一輛交通機關公務用的吉普車，且熱忱的護送，我不住的感謝他，更感謝無所不在的真神！

草綠色的吉普車，在我滿心喜悅中疾馳著，路旁酷似楓林的行道樹，整整齊齊的排列在碧波千頃的稻田中。我的腦海正在攝影構圖，假若是深秋楓紅的季節，該是一幅風景佳作啊！如化的故鄉讓我左顧右盼目不暇給，忽然一座不太高的石山映入眼簾，那可不是高下嶺嗎？曾在它的腳下讀論語孟子，它曾在我童年巍峨過！曾在我的夢中傲然過！是否歲月把它磨矮了？還是我的眼光變高了？還是我看玉山看得太久了？然而那錯錯落落的青石景色，如一群悠閒的老人，在為苦難的歷史作見證，也一直為天涯歸來記憶模糊的遊子引路。

一夜悲傷

故鄉近了，真的近了，好長的思鄉夢也快醒了。抬頭望，每條黃泥小路，是那樣的熟悉，又是那樣的模糊。「停車暫借問，或恐是同鄉！」何止同鄉，而是位堂侄，他喜孜孜的在前帶路，唉！不由人想起賀知章那首婦孺皆知的「回鄉偶書」來：

少小離家老大回，鄉音未改鬢毛衰；
兒童相見不相識，笑問客從何處來。

我在心頭默唸著，賀老先生好像就在我身邊，並且看到他近鄉情怯心境的沉痛！此時我心亦然啊！

吉普車在坎坷的泥路上顛顛簸簸的搖著，堂侄遙指：「山下綠叢中，瞥見飛簷一角，驚起當年舊夢，淚向心頭落日！」（胡適的舊夢）。好貼切啊！

堂侄領我走進陌生的家，與「陌生」的哥哥相擁而泣久久，需要久久的擁抱，需要緊緊的擁抱，因為四十六年的疏離太鬆太寬了！淚雨儘情地灑吧！淚河激情地淌吧！因為四十六年的親情塵封太厚了，須要沖涮！五哥、五嫂、小妹、侄兒女、侄孫女，還有侄曾孫都來了，屋裡屋外擠滿了親人，陣陣的唏噓之聲在滂沱的淚雨中蕩漾著，蕩漾著，一張張苦難浸泡過的臉，綻開團聚的笑顏，多少相思，多少牽掛，多少傷感就讓它隨山腰的那輪落日下沉吧！讓明早的朝陽又掀開別離的扉頁吧！

入夜，在二哥家晚餐，一盞昏黃的電燈，照著滿桌豐盛的離情，一杯杯濃濃的親情，好甘醇啊！讓我未飲先醉，未嚐先飽。哥嫂們不停地替我夾菜，又交織著父母般的慈愛和溫馨，不由抬頭看到神龕上父母的牌位，一陣陣酸楚湧向心頭！如鯁在喉。

今夜，我三兄弟同睡一室，我刻意地把窗打開，盼望父母能踩著月色入夢來，九月十三日是農曆七月廿七，沒有月亮，父母也未來相會，但牆腳的蟋蟀卻凄切地哀鳴，就如姆媽嘮嘮叨叨的叮嚀。就記得幼時，坐著矮板凳伏在姆媽的膝上，在昏暗的桐油燈下，嘴裡唸唐詩，手中捺鞋底的情形，一件件湧向腦海，一件一件擊著心靈！

景非人也非

雞啼了，東方現出一片魚肚，匆匆忙起床，去對門山拜訪故鄉的早晨，昨夜的淚雨，灑滿草地，在晨光掩映下，顆顆透剔晶瑩。

誰說景物依舊，人事全非？我細心地觀看，從左到右，從上到下，一遍又一遍掃瞄我的故鄉一頁又一頁掀開記憶中的故鄉，睜著眼，尋找夢中的故鄉。但失望了，找不到記憶中的一磚一瓦，參天的老樹不見了，蜿蜒的石板路不見了，思念了四十六年的故鄉，已經湮滅在那天翻地覆的年代。父母、親人，童年的玩伴，許許多多善良的同胞，將珍貴的生命，糟蹋在苦難的歲月中，廣大的祖國將他們遺忘，歷史也將他們遺漏。我生長的地方，現在只是一片塵土飛揚小空地，幾顆野菜，幾株小草，在微涼的晨風中笑彎了腰，笑我對故鄉懷念痴心的執著。但「美不美，鄉中水；親不親，故鄉人。」故鄉如同父母一樣是無從選擇的，讓數不清的感慨與長長的嘆息，織成一幅新的故鄉圖，圓成一個新的故鄉夢，繫在天之涯海之角吧！

早餐後，就偕同二哥、四哥、五哥去十餘華里外的水南拜訪夔州姑媽。站上手扶車（似台灣的曳引機），顛簸簸的行駛在蔥翠的稻田間，台灣很少見到的湛藍的天空，不時飄來幾朵白雲，陣風吹過，掀起層層稻浪，透著一股特有的清香，好美的農村景色，我將它牢牢地印入心田。

司機好可愛，只要人招手，他就停車，不問出錢僱車的人同不同意，這種純樸的祥和的美德，我想，在自命為先進的國家，大概也少見到的。搖來晃去，終於看到了河，是被整治過的河，好像人工運河，看不到那種自然曲折之美，原有古色古香的涼亭拱橋，已改為平板的水泥橋，腦海中原有的景色，好像剛擦過的黑板，一點痕跡都沒有！但姑媽的家還在原來的地方，只是重建了。

夔州姑媽，她是祖父鍾英公，在前清任四川夔州知縣時所生，伯父，父親過世後，她是我們唯一的長輩。過去彼此那樣地生疏，五十多年又那麼久，相隔又那麼遠，但血濃於水，一見面那份意外的驚喜，喚醒了她模糊中的記憶。我們在橋上合影，將剎那化為永恆，不讓橋下無情的流水帶走這份難得的喜悅！

拜訪母校

匆匆拜別，前往高沙市看看離開了五十年的母校—觀瀾學校，宮殿式的大成殿、文昌閣，樹木扶疏中的東齋圖書府、西齋翰墨林，它一直在夢中縈繞，雖然只有兩年，它卻影響了我的一生。因為是丟下四書五經去讀朱自清的「背影」與「荷塘月色」，還有蔣委員長的「中國之命運」、「報國與思親」，它開拓了我的視野與胸襟，才知道國家正處在多難的時代，而孕育我從軍的抱負！

沿途我一直在想，嘴裡也一直在哼著校歌：

觀瀾蓼水，迴灘雲塔筆撐舞群巒，校旗燗兮映霞彤，桃李燦兮拭目看，唯志道據德依仁遊藝之四端，須實事求是慮竭精殫，將由此而後，深造為國之瀚若鵬！

我一遍又一遍默唱著，把五十年前往事又湧上心頭。唉—「瀚若鵬」！我啞然失笑，從湖南飛到台灣，一飛就是五十年，飛得夠遠也夠久了，但卻是隻飛不高的小麻雀，始終停歇在屋簷下，只有望鵬與嘆的份兒，是自我的無能，也是命運的諷刺吧！

到了！高沙市到了！搭便車的客人，「謝」都沒說一聲紛紛下車而去，消失在人群中，是那樣的自然。

二哥指指點點的告訴我，這是何處！那是何處！好熟悉的地名、好陌生的景觀。迴瀾橋重修了，沙灘上堆積如山的排木沒有了，柳山蒼勁的柳樹變小了，時光老人變魔術似的，樣樣都在變，但雲峰塔沒有變，塔尖撐著的那片天沒有變，它仍然忠實地佇立蓼水之畔，歲歲年年，迎晨曦，送黃昏。在校期間，曾經常爬上頂層，飽覽高沙市風光，遠山如畫、蓼水如帶，看船伕們逆水撐篙的艱辛。它時時在銓釋不進則退的人生！在那戰火遍地，硝煙瀰漫的動亂時代，想到自己何去何從的未來？它曾聽過我的豪語壯歌！也曾在塔上面對落日放蕩不羈的冥想，直到眾鳥歸巢，萬家燈火後，在晚自修的梆聲催促下悵然離塔！

依稀記得過橋之後左轉，通往學校是一條被千萬莘莘學子的腳印擦得光光滑滑的石板路，真不敢想像，腳印變成了雜草，平整的青石板在歲月的摧殘下，歪歪斜斜的躺在那兒，走上筆架山旁的斜坡，就看到了母校，真不敢想像，現實與記憶竟如此不能重疊！唉—在老婦滿臉的皺紋裡，怎能找到昔日的風華呢？

在校門口，遇到一位年輕的老師，告訴他，我五十年前在此畢業的，他感到很驚訝。他問了些台灣教育概況，我據實以告，他更感到異，尤其是我們國家每年龐大的教育預算，還有營養午餐，讓他更感到不可思議。學校操場上除了一群大孩子在做臥射預備外，空無一物，大陸教育由此可見一斑了！

步入校園，搜尋不到一絲的記憶，老的校舍塌垮了，也拆掉了，新建的兩間又是老舊不堪，母校夢又碎了！我悄悄地步出，只見一列荒置的柱石磴，它默默地在為昔日的光輝作見證，它也壓著成堆的往事供後人回味。

走上校前矮矮的筆架山，我刻意地又回顧母校蒼涼的風采，別了——真的別了，因為我不可能再活五十年，也不願重臨憑弔！因為我已將它攝入了幻片，永久存念！

誤會

中午去街上探望一位從未謀面的表弟，從表弟的臉孔上，依稀可以看到大舅七分的相貌。我要他找一家最好的餐館，點最好的菜，連啤酒帶飲料，結果一桌十個人吃下來，只化人民幣五十二元，我感到十分驚訝！便跑去櫃檯問服務員算錯了沒？她也感到驚訝，我以為算少了，她以為是算多了，彼此哈哈一笑。

服務員以欣羨的口吻說：你們台胞太有錢了！我馬上糾正她說：我不是台胞，而是土生土長的騾子。至於有錢那就更錯了，俗話說得好，水漲船就高，是因為台灣生活水平比較高，譬如像這桌菜，在台灣得化五千元，你們每月賺兩百跟在台灣賺兩萬是一樣的，假若在台灣賺錢來家鄉用那又當別論了，她們不住的點頭贊同我的說法。又跟著問我：可不可以去台灣打工？我說目前還不可以，等不久的將來吧！大家會心的笑了！

雙親墳前淚沾襟

「王師北定中原日，家祭莫忘告乃翁！」

十四日，是個秋高氣爽的好天氣，在哥哥、妹妹、叔侄大伙陪同，前往新屋祖山的途中，我反反覆覆地唸這首詩，愈唸愈感到諷刺。不但王師沒有北定中原，還鄉更沒有衣錦，只是一套牛仔裝而已！我喟嘆著。哥說：「經過四五十年的離亂，能平安回家，又成家立業，已經是祖上有德了，還有什麼好感嘆的。」家是成了，但業又何在呢？

啊！新屋山，是李氏家族的祖山，變了！變得太多了，四週參天的古樹不見了，面積好像也小了，印象中那種氣勢也不見了，呈現在目前的竟是一個小小的坡地。但想到好多探親回台的朋友說，他們的祖先已經屍骨無存了，比較起來，可算是幸運的了。

哥，領我到父母的墓前，兩塊矮小的墓碑，兩個隆起的土堆，在叢草的覆蓋下顯得特別淒涼，不禁悲從中來，涕泗交流，哀痛欲絕，一掬熱淚，豈能洗掉一生不孝的愧疚，兩隻蠟燭，三碟素果，又豈能報答養我育我的劬勞，我哀號問天！父母為什麼不等我回來？為什麼如此善良的父母命不長？為什麼樹欲靜，風總是不息？子欲養，為什麼總是親不待？

我扶著冷冷的墓碑，聲嘶力竭地吶喊著，淚光中閃著父母憔悴的慈顏和一身窮困的襤褸，還有幼時的點點滴滴頓時湧上心頭，眾山無語，大地寂然，唯有一山秋陽，暖暖地如慈母的懷抱，讓歸來的遊子倍感溫馨。

拭乾眼淚，循小路歸去，想尋找一些回憶，石山頂的庵堂、山腰的城隍廟、江畔的獅子搶寶，都已隨「破四舊」的惡風而逝，此情只待成追憶了。但厚實古拙的石板橋，也變成了斷橋，大概是在向瘋狂無情的世人做無言的抗議吧！山上原來的樹木沒有了，就像一位公子剃了光頭，景觀完全變了樣，使人覺得一目了然，處處無可遁形，因而往往一雨成滂，可說咎由自取。放眼望去，每個山頭稀稀落落營養不良的松樹，就似癩痢頭上的幾撮髮，諷刺地在風中搖擺著。

四舊依然新

在五哥家吃中飯，雞鴨魚肉擺滿桌，感到豐盛而溫馨，好難得的一餐團圓飯。在座卻有位算命的「同志」，他不但吃得快喝很多，也問得多！我無不據實以告，尤其我們的平均國民所得，看他疑惑的眼神，以為我在假宣傳，唉！他只會替人民排八字。在國際社會主義全面垮台的今天，也應該替中國唯我獨尊的共產黨算算命才對啊！席間碗筷交錯（用碗喝酒），大伙所談的都是以我為中心的童年歡樂。雲煙往事，苦難的歲月，人事的滄桑，然後高舉一碗長長的感嘆，一飲而盡。

化剎那為永恆

時近五時，秋陽已斜，正是照相的好光線，我取出相機，調好辛酸的光圈，拉近歷史的鏡頭，獨照、合照、全家福，把兄弟姊妹的友愛，家庭的和樂，大人的白髮，年輕人的健壯，侄孫們的無邪天真，將快樂重逢的剎那，化成別後回憶的永恆！

拾掇兒時記憶

趁著黃昏，在親人的陪同下，去拜訪江畔那頭石牛。每當我看到游泳池時，很自然地就會想到這隻石牛，因為它就是我童年游泳跳水的跳板，狗爬式、打悶──（潛水）都是在那兒學的，那一對被我們稚嫩的手摸得發亮的牛角上，掛著我多少童年樂趣，它也是我每每神遊故鄉的焦點之一。想不到石牛被紅衛兵砸掉了，我端視良久，內心有股為老友抱屈的悸疼，因為千萬年來，它不言不語，既未爭權又未奪利，何忍遭此無端摧殘！但它仍然倔強地彎著僅剩的脖子，讓悠悠流水湃澎它無盡的委曲。

我童年時摸魚抓蝦的洪溪，曾在夢中壯闊的洪溪，現在看起來只是條大水溝，是歲月將它縮小了？還是我的眼睛看西子灣的浪濤看多了？但予人的親切感依然如昔，大概是鄉土情懷總是詩吧！

黃昏染紅了西天，夕陽把我們的身影拉成了電線桿，投在千片碧綠的稻田中。二哥問我還記得否？唉—不但記得，且記憶猶新！因為每畝田地有祖先的血汗，有父母的生命，每寸地都印著我五十年前的身影，櫛著風，沐著雨，耕過！耘過！胼手胝足過，現在都是「祖國」的，人民成了永遠的佃農，還不如佃農，因為他們沒有不佃不種的自由。我疾步而去，不願回頭再看一眼，因為不忍多一次無奈的刺痛唉—且讓一切隨落日西沈吧！

哭訴悲情

今夜睡五哥家，仍然與二哥五哥同宿一室。在夜深人靜時，感到從來沒有過的孤獨感，竟又不自禁的放聲大哭，哭父母一生勤勞克苦節儉，所得到的是窮困貧病以終；哭四十六年夢寐中的故鄉，除了親人，我一無所有。唉！快七十歲的人了，情感還與小孩一樣的幼稚而脆弱，大概是英雄有淚不輕彈，只是已到傷心處吧！在哥哥的安慰下，心情平息了，迷迷茫茫進入了不知身在何處的夢鄉。應該是日有所思，夜有所夢才對，但夢到的不是父母，而是一些無關的人與事，糾葛不清直到天亮。

十五日，依照預定，去兩位妹妹家中看看。我出門那年，大妹十一歲，小妹才九歲，兩位都很乖巧，從小就學會了一般家事及紡棉紗。在那歉收的艱困年代，我以十六歲的心身，卻擔負著與大人一樣的粗重工作，去五十里外的綏寧縣紅岩作米蔸子，每天兩頭不見日的跋涉在崎嶇的山路上，為的是能賺五升米，維持一家五口的生活。我們兄妹只有同過苦，沒有共過甘，因為在母親的主宰下，日常都是近似虐待的節省，她的目的只有一個，為兒子多買幾畝地而已，真是可憐又可悲啊！

小妹梅蓮家很近，翻過幾個小山頭就到了，土磚砌的房舍還算寬敞，大大小小歡歡喜喜的接待我，雖然只喝了幾口「水未開茶葉未沉，似茶非茶，似水非水」的茶，入喉卻感到無比的甘甜，是其中加添了濃濃的親情吧！很慚愧，我這個從未謀面的小舅，帶給他們的，僅有短暫的歡欣罷了！

五好家庭

我們乘吉普車去大妹柏蓮家，那是屬於花鼓鄉一個生產柑桔的特區，路旁柑林中盡是結實纍纍的綠色柑桔，可惜來得不是時候，還酸得難以入口。附近綠色丘陵連綿起伏，流水潺潺，稻苗一片青翠，處處是迷人的農村風光，他們可能體會不到生活在詩畫之中，只是日出而作，日入而息而已。

從未謀面的大妹夫譚錦堂，不但精明能幹，也是性情中人，他家的門楣上，掛著一塊「五好家庭」的彩色鋁質標幟，是件光耀門第的大事。經查有關資料，中共這項活動，是從一九七九年至一九八二年由全國婦女組織所展開的一項運動，它的內容是：一、熱愛祖國。二、努力生產。三、計劃生育。四、移風易俗。五、尊老愛幼。在全國眾多的家庭中，僅有三百八十萬戶，真是得來不易啊！

他們全家大小興沖沖的為中餐忙碌著，風聞我愛吃魚，妹夫特意下池塘網了一尾四五斤重的大草魚，活蹦亂跳的，現剖現煮，大快朵頤，鮮美無比。席間談論的無非是兩岸各方面的差異，由於政治、社會與經濟制度的迴然不同，以致觀念上也相差十萬八千里，最後總算在一聲感歎之後，及「乾杯！用菜！」聲中停止爭論，且讓它隨米酒在肚中發酵，也在腦海中沸騰吧，但願有一天海峽的水沒有高低起伏一樣平，中間沒有界，沒有線。一餐飯壓不住四十六年的牽掛，一壺酒澆不息萌起的離愁，短暫的重聚，又重寫長久的別離，把心連在一起，把熱淚流在一起吧！

舊地拾夢

十六日又是好天氣，慎省、輝平陪同我重遊洞口塘，想尋找半世紀前留下的往事。我們搭高沙到洞口的公車前往，快捷又省錢。在迴龍庵下車，過新修的橋，漫步島上，找不到當年渡船的詩意，回首對岸山腰，那美奐美崙的觀音閣失蹤了，右邊山頂的碉堡也不見了，島上的古樹，也禁不起歲月的煎熬，腐朽中仍挺著歷史的傲然，不屈地仍然撐著自己頭頂那片天。新生的樹木，不是在扶持，而是在譏笑前輩的蒼老。

迴龍庵現在劃為「自然植物保護區」，我們環島一周後從堤防上過河，河中築壩已失自然景觀，但上游河水如鏡，遠山倒映，漁舟點綴其中。我取出相機對好焦點在等，漁夫也在等，漁夫等魚群，我等他撒網，終於捕捉到那永恆的瞬間，雖不是什麼好作品，但卻是難得的回味。

我們分乘兩部馬達三輪車到洞口，隧道石壁上血汗斧印的鑿痕，有幾人懂得它在訴說八年抗戰最後關頭，那段驚天動地的堅苦卓絕啊！隧道內石縫中，泊泊的泉流，那是苦難中國人流不盡的血，擦不乾的淚啊！

我以朝聖的心情，肅然佇立江畔，凝眸悠悠江水，洞口塘，那湛藍得不可測度的深邃，它每個漩渦，都是一則神話，都是一則傳說，天只管老，地只管去荒，但傳說永不遜色。

啊—對岸蜿蜿蜒蜒的石板古道，好親切好熟悉，只因我曾穿著草鞋，背著漢陽槍走過，在風裡雨裡奔波過，也在夢中不只一次的暢遊過，你看那扇聳立的石門，它仍為古往今來敞開著，也似乎在歡迎我這飄泊一生，一事無成的老友。在青山綠水間，透著：「萬徑人蹤滅」的淒涼。但那份古樸盎然的寧靜，對煩囂的公路，真不屑一顧，正如出家人窗外的花花世界。

仰視山顛，一塊歪歪斜斜的鉅石，孤獨地似一位被遺棄的老人，無聊地對著擦面而過的白雲自言自語，只有歲月聽得懂它在說什麼。那種搖搖欲墜的樣子，好像是飲了太多的風霜而醉了，但有情的江山仍然堅定不移的扶著它，不忍讓它墜落滾滾紅塵。

我眼中找到了回憶，也心滿意足地用鏡頭攝回了往事，但內心仍有一份悵然，因為明日又是天涯啊！洞口塘！我懷念的地方，但願再臨江一敘，不是在夢中。

在熱日下折騰了半天，不感到飢餓，因為山、水、雲、石和往事把肚子塞飽了，也不感到疲憊，因為永恆的鏡頭替我注入興奮劑，雖然年近古稀，但身心一直陶醉在文藝之中，從未覺得老之已至！我想這是陪我的兩位侄子無法體會的！

溫馨驛站

此次返鄉僅七天的時間，大半都住在茶場信用社主任的官舍，那是幢白牆灰瓦的洋樓，雖然是公浴公廁，但在茶場是最好的房子，有紗門、紗窗、電扇、冰箱，的確難能可貴，這不是「台辦」的禮遇，而是因主任李慎省正是我四哥的小兒子，他要我住舒服一點，免得「水土不服」。

四哥四嫂，是我四十六年來經常夢到的人，他們夫婦對我的關懷極深，從小就很投緣，個性爽朗，做事精明，待人誠懇，加上四嫂的端莊大方，睦族賢淑，是我小時候的避難所，想不到四十六年後，又成了我的驛站。

四嫂告訴我，在動蕩不安，我生死不明的年代，冒著「反迷信，反封建」的危險去替我算命，算命的同志告訴她：我不但健在，而且大富大貴。一般人的「命」只是一毛錢，而我這條「命」值五毛，內心不禁一陣酸楚的感激。算命的只算對了三分之一，因為無富無貴，只是苟活而已！

俗話說：種瓜得瓜，種豆得豆！兩位侄子慎山、慎省，從他們兄弟身上找到了，難尋的兄友弟恭的傳統美德。這非偶然，而是孕育於其父母之慈，子孝孫賢是為必然。此擴而成社會人緣，能一言九鼎，出人頭地，前程似錦，令人欣慰。

每天清晨，抓住難得的機會，偕同姑媽四哥，孩童似的手牽手，迎著朦朧的晨霧，踩著晶瑩的朝露，漫步山徑，吸著新鮮的空氣，訴說陳舊的往事，把短暫的溫馨，化作心中甜美的回憶。

停留期間，四哥四嫂不但要服侍我，還得招待一大堆的親人，每餐都是大魚大肉的，還是慎省侄親自下廚，內心深感愧疚。唉—舊恩未曾報，新恩又如山！人與人之間那種微妙關係，大概就是緣吧！

這幾天，我不安排尋幽探勝，因為時間不多，儘量與兄妹親人在一起，珍惜每一分鐘，默讀童年往事，唏噓苦難的年代，它在心中打下句點，但腮邊的眼淚又不停地在寫破折號。唉—分也悲，合也傷啊！

帶兩個妹妹去合作社，買幾樣日用品送她們，小妹要求送件衣料，我滿口答應，算是哥哥遲補的嫁妝，我的話未說完，不聽話的眼淚又在流了，因為她們當年結婚是兩手空空的走去夫家的，那種物質的貧乏，內心苦楚，人生大事景況的淒涼，又怎能不落淚呢？好在歲月老人，已醫好了悲痛憂傷，如今也都已兒孫滿堂了，家庭和樂美滿。

淡來淡去

前晚大侄媳蘇鳳，她反映村人的意見：要我請客、映電影、吃糖果，我沒答應，不是錢的問題，而是沒有什麼值得誇耀的。四十六年來，除了上帝賜福我一家平安之外，而自已謹守崗位，刻苦奮鬥的一輩子，愚魯如我，平凡如我，真是愧對祖先和親人的厚望，實在抱歉！就讓我淡淡地來，淡淡地去吧！何必讓浮雲樣的遊子來攪亂你們的心湖呢！

離情依依

十八日由四哥的大兒子慎山招待午餐。兄妹親朋兩桌滿滿的，也是山侄親自下廚烹調，他兄弟倆的手藝，真是一流的，我聯想到好像古代的老子，曾形容處理國政如同烹小鮮，的確有它的道理。我們為人處事，能像下廚烹飪一樣，什麼樣的人炒什麼樣的菜，鹹甜酸辣，燉煮燜作，火候能恰到好處，他一定到處受人喜歡。我想慎山、慎省兩位賢侄，有好的人緣，且獨當一面，可能是在廚房領悟到許多奧秘的道理吧！

慎山侄取出珍藏的老米酒請我喝，我沒有沾唇，因為離別在即，此時此地，此情此景，門外又飄著雨絲，不禁想到王維那首渭城曲：

渭城朝雨浥輕塵，客舍青青柳色新，
勸君更盡一杯酒，西出陽關無故人。

我下意識地不喝，深恐契合詩景，徒增感傷！自己也知道這是鴕鳥心態，那盤別緻的紅燒肉端上桌，我就離席了，因為抑不住離別的眼淚，怕破壞那融和的氣氛，提早引發依依離情的悲傷。

下午的天氣，陰雲欲雨，更加深了別離的惆悵。為了答謝兄妹、叔侄、嫂嬸們長期的關懷，我在洞口設宴欲聊表寸忱。男女老幼擠擠一卡車，在暮色中提前走上離別。

我不禁多次回眸，
多看幾眼熟悉而陌生的故鄉風貌，
重繪在未來鄉愁的歲月。

要多看幾眼親人的臉，
重印在相思的記憶。

別離晚宴

席開六桌，大大小小融樂一堂，昏黃的燈光照著一張張親切的臉，沒有美酒佳肴，卻有豐豐盛盛的親情、誠摯的祝福與懇切的叮嚀，我醉了，因為飲了太多的溫馨！窗外飄著雨，好慈悲、好體貼的上帝，正在替我們掉淚。揮揮手，親人們，珍重再見！

卡車的馬達聲沉沉重重地把離情攪成一路淒切，而後消逝在幾盞稀落街燈撐不住的黑暗蒼茫之中，留下我，在洞口招待所無邊的孤寂中浮沉。唉—此地一別，又拉起飄泊的風帆，航向未知的未來。招待所的房間雖然寬敞，但衛浴設備的材料粗糙，做工更粗，加上缺乏維修，浴室的蓮蓬頭不知去向，只剩一根鏽透的水管伸在牆壁，一開龍頭，水如萬馬奔騰，教人無法忍受。

徹夜思潮起伏，輾轉反側，夢圓夢又碎。天還未亮，蕭同學就來敲門了，因為要趕搭六點半開衡陽的公車。匆匆起床梳洗完畢，就拖著行李下樓，正在為到車站這段不算太短的路發愁時，只見蕭同學的一大群家人開了農用車在門口等候多時了。他們七手八腳熱忱地把行李搬上車，這種及時的服務，莫不令人感動！

上車安頓好之後，靠在椅上，趁著還有十多分鐘的時間，做最後的巡禮，想不到大妹柏蓮和妹夫錦堂還有她的女兒站在路邊，一大早趕來送行，太感動了！又不方便下車，只好拉開玻璃窗，彼此痴痴地望著，此時說話已是多餘，因為淚水在衣襟上已寫了一大篇的感傷與祝福！

別了！魂縈的故鄉，別了！夢繫的親人們，但願在不久的將來舊夢重溫，因為四十六年的漫長太殘忍了，歲月也不容蒼老久候啊！何況風燭日夜在燃著殘年！

又是孤蓬萬里征

車開了，讓別離的車輪又飛滾向重逢的歲月吧！

洞口到衡陽是二四〇公里，下午兩點多才到。走了八個多小時，是因為塞人，而不是塞車，尤其佘田邵東的路上，被麇集的農民當作市場，一籃蘿蔔，幾棵白菜，擺在路中，無視車輛的通行，司機按喇叭，他向你瞪眼，根本就沒有交通秩序的觀念。還有大陸的公車，有站也沒有站，沿途可以上車，看起來好便民。但下車一定到站，不可任意下車，說穿了，還不是「賊」點子。

下車後，匆匆趕到「中國旅行社」訂廿三日到廣州的火車票，服務同志說：軟臥靠不住，硬臥一定有，這才放心的住進隔壁的迴雁賓館，計劃明天的行程：遊南岳。

南嶽攬勝

南岳衡山，我心儀久矣，記得小時候，每年農曆八九月秋收之後，對門的山路上，經常看到一群群的人，他們揹著盛香的大竹筒，手裡端著插香的小板凳，胸前佩上寫著「迴光返照」、「合家平安」的紅布肚兜，嘴裡唱著祈福的詩歌，三步一跪七步一拜的往南岳進香，那種虔誠肅穆，在我幼稚的心靈中烙下不可磨滅的印象。聽說只有養育我們的慈母才擔當得起兒孫的南岳拜香！當然還有許多繪形繪影靈驗的傳說，以訛傳訛的深植信徒的心中，南岳的神，令人莫測高深！

南嶽衡山，是五岳之一，位於湖南衡山縣境，它在五岳之中，高度是最低的，可是以秀麗著稱，連綿百餘里，南接衡陽迴雁峰，北到長沙岳麓山，號稱七十二峰，終年煙嵐瀰漫，變化萬千。祝融之高，藏經殿之秀，方廣寺之深，水簾洞之奇，讚為南岳四絕。

廿日，是個風和日麗的好天氣，抱著百聞不如一見的心理，一早就租車前往，除了湘潭街上塞了一陣子之外，尚稱順暢。不到八點就到了，在招待所用過早餐，就匆匆上山，蕭同學夫婦買了一大堆香紙，一路逢廟就拜。入口處，有座簡樸的勝利牌坊，有付楹聯是：

七二峰會召群英勝算先握中流砥柱，
五大洲盟聯友國狂瀾竟挽世界和平。

據說它是　先總統蔣公親撰的，不知確否？但它確實道盡了八年抗戰民族的艱苦。馬路迂迴蜿蜒，車輛加足馬力喘著往上爬，真是：山窮水盡疑無路，柳暗花明又一村。沿途結隊成群的朝拜者，他們的打扮，一如從前，滄桑的歲月褪不了肚兜的紅，也減不了詩歌的嘹亮。他們多不願走馬路，仍然沿著古老的陡坡一步步的在攀登，好像只有用汗水才能換取神明的賜福。因而搭車的大多是觀光客了。他們一雙雙灰濛濛的眼神，憔悴地望著祝融峰，透著感恩與祈求的光芒，感謝在腥風血雨中沒有倒下，但願苦難已成過去，祈求賜福未來的人生。

沿途樹蔭下，看相的、算命的充斥，生意居然興隆。共產黨洗了四十幾年的腦，雷厲風行的破四舊，結果還是皮紅心白的蘿蔔一個，何必算呢？十二億人的命在共產黨的手中，他們也拜錯了對象，祝融大帝是火神，「六四」天安門那場火還在世界迴光返照似的蕩漾著，弄得當局顏面無光，應該拜鄧爺爺、江叔叔，加速改革開放，減少上繳，少製幾個原子彈，讓老百姓多煎幾個荷包蛋，把羅布泊的試爆場改成養雞場，那才是萬家生佛啊！

車在離南天門好遠的地方停下，到峰頂還有一段很長的坡要爬，我取出相機，想擷取一些南岳的精華，以看畫展的心情流覽四周景色，遠望峰頂酷似雲中浮洲，未及取景就消失了，不由一陣悵惘錯失良機，不是雲快而是我太慢。遠處峰峰相連，乍隱乍現，在非雲非霧的籠罩下，實在看不出秀在那裡？雄在那裡？可能是看黃山、桂林、阿里山、玉山看得大多的關係吧？或許是福不至心不靈吧？不管怎樣總得拍幾張，做為到此一遊的紀念。喘著氣，沁著汗，仰頭望見一座古拙的碑坊上書南天門，一付對聯：

門可通天，仰觀碧落星辰近，
路承絕頂，俯瞰翠微巒嶼低。

正如對聯所說，俯瞰群峰盡收眼底，別以為此地最高，告訴你最高的還在後面的祝融峰，不過在此可遠眺湘江，由南而北，轉了五個大彎，因此有「五龍朝聖」的出帝王的地理，據說五龍朝的是南岳聖帝的反面，所以出的是反王，因而很自然的附會在「毛主席」身上，到底是正是反，留待歷史去判定吧！這裡只是茶餘飯後的談與罷了！

由南天門右側山坡而上，在石頭上有五棵松樹，雖不高大，但翠如華蓋，人見人愛，紛紛攝影留念，再上去一點就是禹王城，並沒有城，只是在稜線上立了一塊石碑而已。這裡好像屬軍中在管理，剛好有幾位少年軍人在打掃清潔，有位看出我們是台胞，他很驕傲地對我說：「解放台灣！」我也很不客氣的說：「台灣人沒有綑也沒有被關，不要解！也不要放！憑這個在手（我取出護照在手上拍打），跑遍世界，自由自在！老弟，好改詞啦，現在兩岸正流行著統一！」他無言以對，面紅耳赤的拖著掃把匆匆地走了。我這一當頭棒喝，心裡感到蠻舒爽的，不過他們也在進步，不然我就回不來囉！

禹王城石碑到祝融峰大約七八十公尺，這裡設有售票亭，且有軍人把守，遊覽券一人一元，我想人人心中在此想到的，是高高在上的祝融最大，但我認為是一塊人民幣最大，沒有人民幣真的是門都沒有，祝融也只有乾瞪眼！

我買了票卻沒進廟，只是架著相機在坡下觀賞形形色色的進香人，他們的心情亢奮到了極點，唱歌的聲音特別響亮，是在提醒火神，不要忘了降福啊！眼神也特別亮，因為在祈求祝融的施捨。山坡的石階左右都是懸崖，萬頭鑽動，似乎是天梯，尤其頂端的石砌祝融廟，在一片迷濛之中，我想即使祝融也分不清是雲是霧還是煙。下來的人，拖著疲憊的腳步，似乎揹著太沉重的賜福，人人卻心滿意足地蹣蹣跚跚而去！

祝融峰的右側，有塊大石從峭壁伸向東方，這就是有名的觀日台，視界寬廣，群巒在抱，也是攝影的絕佳位置，可惜時不我予，不能觀此勝景攝此勝景，內心一陣戚然。下山車如脫韁野馬，疾馳而下，沿途景物倒錄影帶似的從窗口飛快消逝，很快的回到山腳下的招待所，午餐後參觀鼎鼎大名的南嶽廟。

南嶽廟的傳說

南嶽廟，位於南岳鎮北街，它在五嶽之中的廟宇，是首屈一指的，創建於唐代開元年間，並經歷代重建重修，佔地一萬餘平方公尺，大殿氣勢雄偉，尤其七十二根大石柱它象徵南嶽的七十二峰，雕樑畫棟，一如皇宮，亭台樓閣，規劃匠心，但缺乏林園之陪襯，顯不出那份幽與靜，酷似一位垂老的宮女，在萬花筒的社會中苟延殘喘。廟雖然老舊，但菩薩卻是嶄新的，一身閃閃金光，它在諷刺也在嘲笑，諷刺善變的社會，嘲笑勢利的人心，嘲笑每天收的人民幣，比燒的冥紙多！它們已不是神，而是博物館內的藝術品罷了！

南岳之行，總覺得見面不如聞名，或許是我沒有賞古的學養，或許是沒有朝聖的心態，或許是盡在雲深不知處，或許我不是智者吧！說到南岳，順便告訴你一段傳聞，說「毛主席」當年潦倒的時候，曾到南岳去拜訪一位高僧，請求指點迷津，高僧笑而不語，只是給他寫了「八三二八」四個數字。毛先生滿頭霧水的下山了，百思不得其解。到大陸變色當上國家主席，入主中南海之後，又舊事重提請高僧晉京解謎，但高僧不為所動，仍然寫了那四個數字。直到七六年毛先生歸西，享年八十三歲，而他在位剛好是二十八年，才竟然大悟。（按毛澤東生於一八九三年，歿於一九九六年；自一九四九中共七屆二中全會當選國家主席至一九七六年）這可能是對一個「偉」人的穿鑿附會，只有姑妄聽之！

中國的皇帝是天子，差不多都有數不清傳說，明太祖朱元璋就是。

嶽麓尋幽

二十一日一早包車去長沙遊岳麓山，衡陽到長沙二百公里抵達時已是十點多了，不管怎樣，岳麓山不但鍾靈毓秀，更是人文薈萃之地。也是湖南人的最愛。所謂：「山不在高，有仙則名。」岳麓山高僅三百餘公尺，但它有千年歷史的岳麓書院，馳名遐邇，它建於宋太祖開寶九年，公元九七六年，位於岳麓山東面，是當時長沙太守朱洞創建，宋真宗並親題書院匾額，它和當時的衡陽石鼓書院、河南商丘應天書院、江西廬山白鹿洞書院合稱四大書院。南宋時的理學家張桐、朱熹都曾在此講學，從學者達千餘人，是目前唯一尚存而在使用中的書院〈即湖南大學〉，書院的大門仍保持原來的風貌，門聯上寫著：

惟楚有材，於斯為盛。

納於大麓，藏之名山。

另一聯是：

千百年楚材導源於此，
近世紀湘學與日爭光。

從對聯上看，或許你認為湖南騾子也太狂傲了，但當你一到山門口，看到，那尊矗立的毛主席塑像，身著大衣，背著手，眼睛看天那種不可一世的自負神情，不由你不贊同，何況不管過去與現在，湖南出了不少的名臣名將，確是不可否認的事實啊！

遠上寒山石徑斜，
白雲深處有人家，
停東坐愛楓林晚，
霜葉紅於二月花。

這首詩是唐代大詩人杜牧遊岳麓時寫的，但清代詩人袁子才經長沙時建議，將原來的「紅葉亭」改名為「愛晚亭」，使得這座亭名震岳麓詩意盎然，也是我此遊的焦點之一。一進園區（長沙市岳麓公園），就東張西望，找尋「愛晚亭」，很輕易的在翠綠掩映中找到了，心中感到莫名的欣慰，祈望能在濃郁的詩亭中也沾染一點詩的芬芳。

「愛晚亭」，位於清風峽的丘陵上，重建於清乾隆年間。亭外柱是花崗石的，四披重檐，綠瓦紅柱，亭內設有石桌石凳供遊人憩息，珍貴的是紅底金字的「愛晚亭」三字是毛先生的御筆，還有亭中「二南詩石刻」，也就是名人張南軒與錢南園的遊山七律，更為名亭增色生輝。春天的攏翠，秋季漫天楓紅，徜徉清風橋，聽蘭澗潺潺而逝，不是詩人，也讓你置身於詩畫之中，渾然忘我。難怪「愛晚」能如此得到詩人們的鍾愛，因為一亭盡是詩意，盡是空靈，盡是詩的誘媒吧！而我空入寶山，沒沾上半點詩香，反而惹了一身鄉愁。岳麓山古蹟很多，如「北海碑」是唐開元十八年所立的，歷述由晉唐以來麓山寺建廟的經過，碑文華麗，行書雄而秀，並有宋代大書法家米芾與蘇軾的題，所以也稱「三絕碑」。留連良久，不忍離去。

白鶴亭，老舊而簡陋處在僻靜的一隅，但為必遊之點，因為在它的上面，有蔡松坡先生的墳墓，蔡將軍對討袁護國立有殊功，病逝葬此，墓碑和墓塚是用花崗石砌成的石欄，上刻滿了名人的題字、輓聯，我憑弔，我默想著袁世凱稱帝，民國處在混沌的時代，蔡將軍潛走雲南號召起義，如撥雲見日，使國家重生，能不令人感佩！

與蕭湘夫婦，冒著毛毛細雨，本想去看看樹椏上的那口飛來鐘，卻找到了飛來石，剛好有兩位女性遊客也在石上，問我們那裡來？我說是飛來人來看飛來石，她隨即明瞭我們的來處。彼此對飛來石有受騙的感覺，因為附近有很多石頭，只是這塊較為平整而已。因時間倉促又逢下雨，還有很多的景點只好緣慳一面了，尤其那壯觀雄偉的黃興先生的陵墓，只好在回程中去參觀黃克強先生墓廬。它是座兩層建築，白牆灰瓦，簡單肅穆，所陳列的盡是些複印的文件手稿，好像在虛應故事而已，倒是門口那付對聯非常貼切地道盡黃先生的一生：

血染黃花，魂歸嶽麓。

名垂青史，首建中華。

盧園附近，花木扶疏，亭台小橋，倒映湖中景緻幽靜。當時薄霧籠罩，如真似幻，所謂人間仙境，大概是如此吧！駐足良久，只好依依離去。

回程中我閉上眼睛，默讀神遊嶽麓，不願看街上的紅塵喧囂，它是一冊詩輯，讓人吟哦不厭。以悠閒的心境，與其神交，該是遊此名勝的最高境界了，想來也只有騷人墨客們才有此雅興與相同的觀感，此又豈是自命風流倜儻者所能領略的？

嶽麓似一隻秋肥的大閘蟹，宜約友賞楓時佐酒，慢剝細嚼，而我好像吃速食麵似的，來去匆匆，真是暴殄岳麓！但自我期許，願在不久的將來，秋陽照楓紅的季節，再一次嶽麓之旅，以彌補心中的遺憾。

拖著一身疲憊，在萬家燈火中回到衡陽迴雁賓館，結束了尋幽探勝的活動。

當離開衡陽的前夕，內心的感觸也特別多，猶記起卅六年在此地投入青年軍那種意氣風發情景，四十六年後一事無成地又來到這裡。明天又從此地出發，前程中已找不到燦爛的憧憬，有的只是對父母無盡的愧疚！

購物心態

九月二十二日，是個晴朗的日子，到廣州的車班是晚上九點廿二分第五十七次特快，時間裕餘，我們悠閒地坐公車到對岸去逛老市場。雜亂是所有市場的特徵，此地更不例外，地上擺放的，盡是些許剩餘農產品及家禽，他們也不是攤販，而是附近的農民。

台胞買東西時，將人民幣換算成新台幣時總是感到便宜，這種心理我認為不太對，雖然說一斤的肉只賣人民幣三元五角，要知道這三元五角，是十斤米的價錢，也是一個普通工人一天的工資。老美來台灣購物，他們從未感到台灣的東西便宜，而我們大概是暴發戶的心理作祟吧！逛了老半天，僅買五斤紅辣椒，二斤小魚干，因為這兩樣是我每餐的最愛。辣椒一斤一塊三，魚干五塊二，我知道他在敲台胞的竹槓，但我沒有討價還價，並不是大方窮燒，而是出於對苦難農民的一點愛罷了！

舊愁換新愁

十二點退房，提著行李下樓，感到輕輕的，心情卻是沉重的，因為裝了太多太多的鄉愁吧！坐在會客室，看來來往往的探親人。交談之下，有的是第六度了，而仍然有股近鄉情怯的歡欣，一頭白髮映著滿足的神情。有一位年逾耳順的榮民很得意地告訴我：去年在家鄉討了一個二十八歲的老婆，上月替他生了個白胖的兒子，老年得子，的確是人生一大樂事。我恭喜他，只見他笑得彌勒佛似的，我也感染到他的喜樂，把離愁擠在一邊！

時近黃昏，就拖著行李進入候車室。我在觀賞廣場中央那株枝葉茂密的大樹，在餘暉的照耀下，成群的小鳥在吱吱喳喳的呼兒喚女快點歸巢，感到好溫馨啊！相反的聚集在週圍的人群，卻離鄉背井，在無情的人海中掙扎，隨著盲流而茫然，這不是怪現象，而是人間的悲情啊！他們在星月下，憧憬明天的希望，或許有夢，夢見家中的妻兒！

兩三個小時就在觀看廣場上雜亂的人群中溜走，廿一點二十二分、準時開車，看不到頭，也看不到尾，這列車好長好長啊！正像一條莽莽巨龍，奔騰在變樣的山河，它帶著龍的傳人的堅忍，將更傲然地翻騰在廿一世紀的地球村！

汽笛長鳴，那是故鄉的呼喚，那是親人的祝福，那是聲斷衡陽之浦，孤雁驚寒的嘆息吧！

躺在軟臥上，活像殯儀館的停屍間，大家只是多了一口氣，兩眼盯著棺材蓋似的上鋪。鐵輪有節奏的震動，是在數四十六年的歲月，是在填四十六年的滄桑，是在安慰四十六年的苦難，是在抹去心中麻麻密密的往事。黑夜掩蓋了大地，卻掩不住人的方寸，徹夜似睡非睡，思潮迷迷糊糊地起伏著、蕩漾著，一陣音樂在飄蕩，好熟悉的旋律，那不是「小城故事」嗎？按著是服務員的廣播聲，不是夢在高雄，而是已到了廣州。看看錶，是七點十分，耀眼的陽光，照著的，依然是廣場上雜亂的人潮，一個個滯呆的神情，辜負了晨光帶來的一片蓬勃！

我們三人以最快的速度，避開乞討的、請求協助的、換外幣的、搬行李的、租車的糾纏，進入廣九車站，如同從喧囂的鬧市走到深山古剎，一片靜悄，窗明几淨，秩序井然。一牆之隔，如同另一世界，同樣是人，同樣的中國人，為何如此，誰令致之？

國泰四三〇次飛高雄的七四七，一陣巨響，把一個長長的故鄉夢震成苦澀的碎片，旋即騰空而起，把江山萬里情，拋在暮雲深處，卻留下一袋新的鄉愁帶回萬家燈火的高雄！

一番感懷

探親回來了，又從故鄉回到他鄉，午夜捫心自問：到底什麼是故鄉？我得到了解釋：『啊！故鄉，故鄉是什麼？所有的故鄉都是從異鄉演變而來，故鄉是祖先流淚最後的一站』（王鼎鈞）『我拋棄了所有的憂傷與疑慮，去追逐那無家的潮水，因為那永恆的異鄉人在召喚我，他正沿著這條走來。』（泰戈爾）。平平安安的回來了！朋友見面免不了問些對大陸的觀感！在我膚淺的看法，約有下列數點：

第一，「有飯大家吃」的觀念：我們都知道中共以這句口號騙得政權，只是有飯大家吃，而不求大家有飯吃。時至今日，這種觀念勒死了所有的國營事業，國營事業並不是沒賺錢，而是被眾多的員工吃光了，甚至還不能自給自足，我們去觀光風景區，到處在售票，而不是一張票，在一切企業管理的今天，它阻礙了進步！

第二，「一胎化的政策」：中國自古以來，就認為多子多孫就是福，所以一胎化為人民所深惡痛絕，假若你敢生第二胎，那麼幹部要拆掉你的房子罰款，手段非常嚴酷，他們的論點是，你既然不遵守國家的政策，那麼你的財產甚至生命就不會受到國家的保護。目前的趨勢，是養得起而且有文化水平的不願生，偏偏收入低、沒水平的想拼命生。一切規定與所有國家一樣，是對沒有辦法的而設的，因為法令是死的，人是活的，只要想生第二胎，還是有路可走的，罰款就是很好的辦法。的確爆炸的人口，拖垮了經濟，是不爭的事實，但廉價的勞力，是發展經濟的重要因素，只要政策配合得當，問題不難解決的，我們就是這樣走過來的「台灣經驗」值得大陸學習

第三，「自立門戶各搞各的」：只要有錢可賺的事，政府機關都可以搞，

譬如旅行社，加油站有交通機關經營的，也有軍中經營的，他們不是與民爭利，而是與國家爭利。

第四，「城市與鄉村的懸殊」：一位出租車的司機說：他一天所賺，有時可以超過農民一年的收入，經觀察他並沒有誇大其詞，兩者的收入實在不成比例，因此造成各都市的盲流人口找工作。城市與鄉村貧富差距日益增大，假以時日，非再來一次「共產」鬥爭不可了！

第五，「心靈的空虛」：自從改革開放之後，清算鬥爭少了，接二連二震天動地的運動沒有了，心情鬆懈之後，會感到無心的空虛，因此共產黨反了四十多年的所謂封建社會餘毒，求神、問卜、算命、看相、打流年與批八字的，不但死灰復燃，且變本加利，因為從苦難中撐過來得感謝神明，活在無希望的現在，又想知道自已未來的命運！

第六，「三位一體的中國共產黨」：西歐的共產黨跨了，蘇聯老祖宗的牌位也倒了，但中國共產黨仍然屹立不搖，因為中國共產黨有它的特性，它將國家，人民，黨融為一體，它就是國家，就是人民，中國十二億人口都依附在共產黨的軀體上，黨的前途，就是國家人民的前途，當然有些知識份子不以為然，因而有六四天安門事件的發生。

第七，「自由，民主，均富統一中國」：鄉下人對自由民主與趣缺缺，因為他們的觀念是誰當皇帝都要納糧，只希望納少一點，何況目前出門不要路條，只要有錢什麼都可買到，但是他們最感興的是均富。有人說大家有錢就好了，為什麼要民主自由呢！我說自由是根，民主是苗，均富是果。

第八，「一個屬於中國人的世紀」：以中國的人力，以中國的物力，以中國人的智慧，以中國人的覺醒，所有中國人都認同二十一世紀，是龍的傳人的世紀，是炎黃子孫的世紀！這還得靠兩岸領導人的智慧與開萬世太平的胸襟了！

星馬五日記遊

天涯若比鄰

好興奮啊！因為是第一次出國，又搭上國人自營的長榮航空七六七的客機，看到是龍的傳人，聽到是國語，心理上沒有一點出國的感覺，在空姐殷勤的服侍下，讓人覺得賓至如歸。

飛在南中國海五萬英呎的高空，外面的氣溫是零下七十四度，我淺啜著香甜的咖啡，聽著台灣民謠悠揚的演奏曲，盯著窗外浩瀚的雲海和排空而至的雲濤雲浪，氣勢之磅礡，懾人心弦。在雲的空隙中，驚見如畫的江山，散落在碧綠的海洋，海浪還不忘在它的裙擺上鑲上一條白色的花邊，幼學瓊林上有句「水晶盤裡擁青螺」，我想大概是在形容如此光景吧！

旁邊的導遊小錢指指點點的告訴我，那是南沙、那是菲律賓、那是印尼、那是馬來西亞。隨時我想起孔老夫子在二千五百年前那種大同世界高瞻遠矚的理想，也想到王勃名句—天涯若比鄰。我們拜科學文明之賜，把地球縮小了，把國與國的距離拉近了；相反的，人與人之間的距離卻拉得愈來愈遠，你住上十年八年，還不知左鄰右舍姓啥名誰呢！

初履異國

當走完空橋，踏入吉隆坡機場之後，就感受自己既盲且聾，因為四處都是洋文與聽不懂的話，也感到真正的出國了。周圍一張張黝黑的臉，還有那裹頭巾的伊斯蘭的信徒們，還來不及感到孤寂的時候，馬來亞導遊小曾已經張開雙臂在歡迎我們了。

在開往DYNASTY飯店的途中，小曾說：在馬來西亞做導遊很苦，因為必須會六種語言—馬來語、英語、粵語、家語、閩南語、漢語。他是第四代華僑，他說目前語系的分佈是檳城的閩南語、麻六甲國語、吉隆坡粵語。

馬來西亞是在一九六三年九月十六日成立的一個聯邦國家，原包括馬來亞、新加坡、沙撈越、北婆羅洲等四個地區，但聯邦成立不到二年，新加坡於一九六五年八月九日宣佈獨立，現在的馬來西亞是由十一個邦組的，總統是由各洲的蘇丹輪流擔任的，現任總統聽說等了四十五年才輪到，假若命不長，還難登上寶座呢！

馬來西亞的文化

馬來西亞的文化，是多姿多采的，因為它融和了華人、馬來人、印度人、巴基斯坦人、歐洲人、以及歐亞混血種。宗教方面可說百教雜陳，相互包容。

由於宗教信仰的不同，在民間還保留多樣的音樂、歌曲、詩歌，以及傳統的故事與戲劇，中國對馬來西亞的影響，尤為重大，因明代鄭和南渡，傳入衣冠文明，功不可滅。文化是生活的縮影，也是反映生活的一面鏡，馬來西亞的文化如萬花筒，因為它是多民族的雜處國。

聽導遊說，獨立時華人與馬來人是四十四比四十三，但經過三十年的今天，卻是三與六之比，因為馬來人拼命生，而華人不願多生。政權操縱在馬來人手中，經濟卻掌握在華人手中，這是民族性的不同所造成的，馬來人樂天知命，吃完再去賺，不為明日擔憂，而中國人卻是勤儉一世，老謀深算，善於理財致富，身為中國人，與有榮焉。

不到半小時車程，就抵達加拉尼波路的唐宮飯店，下得來，早有幾位黑皮膚的侍者，他們露著白牙在等待接行李了，房間分配完畢，放不必要的東西，隨即進行參觀活動。

新回教清真寺

新回教清真寺是遊吉隆坡必到之地，雖然馬來西亞種族融和，宗教平等，但伊斯蘭教，到底是他們的國教，重視的程度，勝於其他宗教，這是不爭的事實。

新回教清真寺位於老寺的右面，建築在坡地上，中間僅隔一條小馬路，建築的外觀是西式的且非常平板，除了高高的階梯、一座高高的尖塔之外，實在襯托不出對神的崇敬。四處可見的女裹頭巾，男戴白帽的信徒，及排列整齊的各式各樣的鞋子，因為進寺必脫鞋，女的還要穿只看到兩隻眼睛的黑袍。內部宏大的祈禱廳是很有名的，它是一九六五年八月落成的，導遊說他們的國父東姑拉曼的墳墓在寺內，但並沒看到。

老火車站

老火車站也是吉隆坡的景點，因為它年齡大，有二百多年的歷史，它建於一八八六年，是英國殖民時代所建，它就在清真寺的斜對面，在寺前的台階是最好的角度，可以利用庭園花木作前景，在濛濛細雨中別有一番淒淒之美。

在公路發達的今天，火車已是式微了，班車並不是很多，但火車站內停著的除了火車，有一車車數不清的殖民悲情血淚，在獨立四十年之後的今天，老火車站卻是一頁激勵國民的新歷史，叫人記取篳路藍縷那段歲月。

臘染廠

臘染廠位於吉隆坡郊外，是導遊人員一定要帶觀光客去光顧的地方，說穿了還不是為了回扣，但臘染的確是馬來西亞真正的手工藝品，是用溶解的臘在布料上畫畫，紅黃藍白綠，色彩鮮明，對比強烈，並且質料輕柔，式樣繁多，所展示的產品的花紋圖案，沒一件是相同的，可說各具特色，這也是推銷員所特別強調的，雖然花姿招展的店員，鼓起如簧之舌，但沒有獲得我們的青睞，因為太貴了，普普通通一件 T 恤要兩三千元，店員寒著臉，當然導遊的臉色也不好看囉！

獨立廣場

獨立廣場，當然是紀念一九五七年脫離英國殖民統治。它是一處寬廣的綠地，在雨水洗滌後，綠草更是綠意盎然，成群的鴿子不畏風雨在草地覓食。導遊說：廣場上有架世界上最大的電視機，每逢國家慶典及重要比賽時，人民莫不扶老攜幼的把廣場擠得水泄不通，是人民對國家熱愛的表現，是感人的。但也是蠻痛心的，因為想到我們中華民國的部份無知的政客，以不認同國家而沾沾自喜，對中華民國的護照與新台幣卻認同得很，豈不悲乎！最高法院，就在獨立廣場的對面，是棟古老的歐式建築，圓錐形的尖頂，在彌漫的煙雨中，更烘托它那股威嚴與肅殺之氣，販毒者唯一絞刑！在此可是不二價的！

人妖表演

第一天的晚餐，是自助式的馬來風味，好多菜餚都摻咖哩，飯比大陸的還要硬，但慢慢嚼卻別有一番風味。這餐廳是華僑開的，所謂福州三把刀打天下，一點不虛假。它的另一特點就是人妖表演，當遊客吃飽喝足之後就開始表演！幕布開處，令人眼花撩亂，人妖個個身材高窕，胖瘦適中，美貌的臉蛋，白皙的皮膚，撩人的微笑，加上一身珠光寶氣，在熱情的節奏下扭腰擺臀之餘，走下舞古投懷送抱，有人如醉如痴，忘了他們也是昂藏七尺之軀的男子漢啊！團裏有位太太事後很感慨地說：男人都這樣的美麗動人，女人應該好好檢討了，好不傷感！

住在DYNASTY飯店的24F，拉開窗簾，哇塞！吉隆坡沉浸在一片燈海中，燈浪拍窗，玻璃窗上的一層迷霧更有朦朧之美，本想打開窗子拍夜景，但窗子是固定的打不開，只好作罷！

吉隆坡河

早上一起來，揹著相機走出飯店，想抓鏡頭，再來是運動健身，沿著河岸漫步。有點像我們的愛河，但河水要比黃河還要混濁還要黃，我對導遊小曾打趣地說：我們中國的黃河也移民吉隆坡啦！小曾苦笑著說：因為濫墾濫建以及錫礦的開採，沒有做好水土保持，可見環境污染是世界的通病。在飛機上鳥瞰吉隆坡時，一片翠綠中繫上一條黃絲帶，原以為是公路，原來是大名鼎鼎的吉隆坡河啊！

肉骨茶

聽說「肉骨茶」是馬來西亞的特產，今天的早餐就是吃肉骨茶，土包子我沒有喝過這茶，我想大概是港式飲茶之類的。但端上來只是一盆大鍋菜，它有油條、白菜、筍、香菇，幾塊豬肉和雞肉，所謂肉骨茶，它本身沒肉沒骨也沒茶，只是幾味煮大鍋菜的中藥而已，何其名不符實啊！

總統府

總統府，鐵柵門深掩，裡面綠草如茵，庭園寬敞，府第是灰色的，看起來並不高，好像是二樓平房，門口兩位衛兵不但個兒矮還乾瘦巴巴的，在他們的身上，找不到一點威嚴，當然整個總統府也找不到莊嚴神聖的外觀，它予人的印象只是一座花園別墅那樣的平易近人，並不是高不可攀！

獨立紀念碑

話說一九四二年至一九四五年，日本佔領期間，許多華人參加馬來亞共產黨組織的—馬來亞人民抗日軍，日本投降後，於一九四六年產生了—馬來民族統一組織，在一九四八年成立了馬來西亞聯邦，同年英國人宣佈緊急條例，鎮壓馬共。一九五二年，馬來民族統一組織和馬華公會，聯合組成—馬華印聯盟，在一九五五年的國民選舉中獲勝，於是英國交出權力。馬來亞於一九五七年八月卅一日獨立，這是馬來西亞近代的一段歷史。

當我看到這座獨立紀念碑時感到並不陌生，好像在美軍硫磺島登陸戰的影片中看到那一幕軍人壯烈的升旗塑像一模一樣！正在狐疑時，導遊說：紀念碑是美國送的，人像也是美國人，好像馬來西亞的獨立戰爭是美國人打的。基於國際禮儀，不便退貨，只好將錯就錯了，讓老美在錯誤中揚眉吐氣罷，但願遊客不要錯誤而愧對千萬英靈啊！紀念碑建在一處台地上，四週噴水池圍繞，配合周圍的花園綠地，景觀非常怡人，是一處值得一遊的景點！

天然奇景黑風洞

黑風洞在吉隆坡的近郊，是一處天然的石洞，跟其他的地方一樣，凡有關天然的景觀必有一篇動人的傳說，因而凡住在新馬的人，都嚮往黑風洞的神秘性，它始終吸引著每一位遠道來的遊客。

導遊說：黑風洞是英國的一位探險家於一八七九年發現的，當時附近全係一片茂密的原始森林，野獸出沒，人跡罕至，他發現的兩洞，左面一處是黑洞，沒有光線，是千萬蝙蝠最佳棲息處所。右面則是透頂的光洞，光洞左側有路通往黑洞，沒有安全設施，很危險！

黑風洞，不但是觀光景點，也是印度神供奉之地，洞前修築了二百八十七級的石階，石階又分為右中左三道，右面是給滿懷希望去求神的人上去的，左面的則是得到神的賜福下來，中間則是自認倒楣的人走的，這一招也真見效也！儘管上下的階梯都在擠，但中間空空的就沒人敢走。我想中間是留給印度神專用的，如此無形中也是對神明一種有形的尊敬吧！

許多的年輕人，仰頭面對二百八十七階，不敢面對挑戰，我毫不遲疑的拾級而上，並不感到辛苦，進入洞內，涼風習習，光線自頂射入，如陽台似的，洞壁奇形怪狀的石筍吊在空中，似犬牙交錯，洞內設有印度神像，點著長年不滅的油燈，許多裹著頭巾的印度信徒，跪在那裡祈禱，大概是住寺和尚，手拿毛筆在信徒的額頭上畫上白色的條紋，導遊說：一條線代表一個許下的心願，到底靈不靈，只有天知道！但看到他們離去時一張張喜樂的臉，可證宗教信仰對心理治療的功效是可以肯定的。黑洞，是印度人的聖地，每年的一月二十日，印度人朝麥加似的蜂湧而至，它是條繫帶，緊緊地維繫著民族的情感歷久不衰！所以說宗教是構成民族的五大要素之一是不用置疑的。廣場的鴿群和階梯上的獮猴非常可愛。

國家博物館

博物館，是國家文化的縮影，要了解一個國家的文化，最簡捷的辦法，就是參觀他們國家的博物館。博物館的建築很宏偉，但外觀非常簡明，它表現出馬來人那種特有的簡樸風情，不似我國的宮殿雕樑畫棟的華麗。

該館是兩層建築，一進大廳，我的視線便被那片花玻璃窗所吸引，頓時用超廣角的鏡頭將它框下，別有一番意境。館內陳設的都是模型和動植物的標本，從模型中可以管窺他們先民慘淡經營的歷史腳印，以及自然環境的變遷，它是一本無言的書，讓人緬懷先民的創業維艱，也應感念守成之不易。

國寶與國樹

我們參觀錫器手工藝中心時，特別介紹錫是馬來亞的國寶，因為錫礦蘊藏量非常豐富，因而錫器手工藝中心專門研究開發錫器工藝品，每件不但是日常實用的器皿，也是叫人愛不離手的藝術品，每件的造型都是匠心獨運，有鍍金鍍銀的不易褪色，更由於錫的密度很高，我們進門時招待人員遞上一杯用錫杯裝的冰果汁，一個小時後，果汁仍保持原來的溫度。它外型高貴而實用，所以成為世界各著名飯店所青睞，替國家賺了不少的外匯。

導遊說：棕櫚樹，是馬來西亞的國樹，如同西藏的犛牛一樣，每一部份都有經濟價值，棕櫚油的外銷地位，就如同台灣當年台糖的甘蔗一樣，難怪放眼所及盡是棕櫚林，這是地理環境使然，不由人想起殺人魔王黃巢的七殺碑所刻的詞句：「天生萬物以養人，人無一德以報天」，四處破壞地球的今天，何止七殺了得？

邂逅大陸同胞

上午最後一個節目，是去採購馬來西亞的土產，一位黃皮膚的中年男子衝著我點頭微笑，於是我伸出友誼的手和他握在一起，頓時距離沒有了，因為我們體內流著相同的血，而且彼此是同宗還是半個老鄉呢！他是湖北我湖南，僅八百里洞庭一湖之隔，閒聊起來分外親切。他供職湖北電力公司，每月薪俸人民幣千元，我說台灣目前的基本工資合人民幣五千元，他有些靦腆地說：「不能比，不能比！」他又問我對兩岸的觀感，我說：目前差距最大的是經濟與民主制度，錢這東西當然是越多越好，但它與水一樣，可以載舟亦可覆舟。台灣的暴發戶帶動了社會奢侈浪費的風氣，把我國勤勞節儉的美德丟在九霄雲外，因而養成好逸惡勞的習性，不惜鋌而走險，違法亂紀，夢想一夜致富。

大陸與台灣國民平均所得，是二百美元與一萬二千元之比，大陸當年的共產精神，早已隨改革開放加速死亡，城鄉差距之大，使窮者愈窮，富者愈富，特權專橫貪瀆叢生，遠超過國民政府時代，搞不好又要再來一次類似文化大革命翻天覆地的整風，但願當權派能注意及此，未雨綢繆！

至於民主自由，是中共政權的宿疾，不知何日復發，六四天安門事件，不順水推舟，坐失政治改革良機，因主政者太貪戀既得的權位與利益，而把十二億人民作賭注。潮流是抵擋不住的，遠在東歐的不必看，近在眼前的蘇聯例子，難道還不能做前車之鑑嗎？

台灣近幾年來的亂象，正是過去四十年一黨獨挑的結果，共產黨將來同樣要付出更慘痛的代價。自由民主正如雨水，在台灣已氾濫成災，在大陸卻是乾涸成災，假若兩岸能截長補短，風調雨順該多好啊！其實台灣海峽並不寬，只是領導人的心的間隔好似萬里長城！

麻六甲

午餐畢，即登車逕往麻六甲，車飛馳在南北大道上，伙伴們莫不昏昏入睡，而我仍然精神抖擻，觀覽沿途風光。

南北大道是馬來西亞最長的一條高速公路，全長八六八公里，南到新加坡，北到泰國，是公私合資興建的，廿五年後全權移交政府，公私兩蒙其利，值得借鏡。道路沒有填高，因為所經過的儘是人煙稀少的紅土丘陵地，車輛更是稀少，所以任何車輛都可以行駛。

麻六甲，是馬來西亞開發最早的一個州，目前人口五十萬人，因為瀕臨麻六甲海峽，航運特別便利，工商亦隨發達，因此更成為列強爭奪的禁臠，我們中華民族的鄭和太監曾在此地寫下一頁光輝，替閉塞的中國開啟一扇通往世界之窗，因而足踏斯土，內心的緬懷與崇敬之情油然而生！

三保太監—鄭和的遺跡

鄭和，本姓馬小字三保，雲南昆陽人，一三八一年明軍入雲南時被捕入燕王府為宦官，後因靖難有功，皇上特賜姓鄭，後升至內宮太監 一四〇五年奉命通使西洋，前後七次，率領船艦百餘艘，人員二萬七十餘名，歷時二十八年之久，通使三十餘國，他是世界馳名的航海家，比伽瑪早了九十三年，比哥倫布早八十七年，比麥哲倫早一一六年，很冤的是，鄭先生的知名度竟然沒有他們三位響亮，不知原因何在？可能是種族歧視吧！

三保太監在麻六甲的遺跡，相信很多，可能是被五百年的歲月湮滅了，今天導遊所能帶領遊客憑弔的，只有三保廟、三保井與三保山了。

我從側門進入三保廟，真令人不敢相信，這是供奉先賢三保的廟宇，既無雕樑畫棟，更是矮小簡陋，實在不足以襯托出他的豐功偉績。更有甚者，廟內不但沒有三保先生的任何塑像，更找不到一塊神位，正中竟是福德正神土地爺。是否如行政院院長在立法院所說的—乞丐趕廟公呢？我忽然覺得這種意念是狹隘的錯誤的，因為真正偉人的神位，是無形的，它在人們的心中永垂不朽，太監淒苦的悲情，反而釀造出一甕五百年仍然的香醇，何必計較形式呢！

三保井，位於廟的左側小小的庭園內，為防止人民大量吸取，已加上鐵絲網並且上鎖。井有兩口，右側那一口，據說當年葡萄牙人下過毒，死了很多人，故封閉不用，但井尚存在！

導遊特別強調三保井的井水所含的礦物質特別高，他當場斟了一杯，果然能高出杯口成弧形，證明水的張力；並說這井水能治病，我接過杯一飲而盡，在甘甜之餘，還感到源遠流長！

三保山，位於三保廟左側，是一處不太高的小丘陵，山上有疏疏落落的樹木，在如茵的碧草，散落古意的墳墓。三保山上共有一萬二千座明朝的墳墓，當然這些人十有八九是追隨三保來的，他們離鄉背井，遠渡重洋，企盼的是衣錦還鄉，結果葉落不能歸根，而落外地生根，埋骨他鄉。可謂：一將功成萬骨枯。雖然默默無聞，但在三保太監的史頁中有他們數不盡的辛酸，也為民族寫下一頁永垂不朽的歷史！

麻六甲還有唐人街，當經過時，我探頭外望，除了幾塊中文招牌看板外，在店鋪的建築風格上找不到一點唐人的蹤影，倒是荷蘭村有明顯的風車標誌，聖保羅教堂髹成一片粉紅，看起來真有點格格不入，有失古蹟與宗教的莊重。

在海岸邊，有一艘黑色的船，似乎是模型，導遊說，這艘船是實用的，裡面是政府機關的辦公室，船的外型樣式是仿造當年三保太監的旗艦建造的，目的無非是緬懷紀念，很可惜，車子匆匆而過，來不及留影。

在斜暉夕照中，來到當天的最後一站—麻六甲古城聖地牙哥古堡，這座古城大大的有名，真可算得是銅牆鐵壁，固若金湯，是葡萄牙人所建。荷蘭人打了半年，仍無法破城而入，後來改進攻為圍守，歷經一年，終於彈盡糧絕，葡萄牙人死傷枕藉，在城內的山坡上尚留有兩座墳墓，所埋的是葡軍的尊榮與壯烈。

你可知道荷蘭人為何攻城不破嗎？原來砌城的磚頭，不是土石的，而是用鐵屑做的，以當年砲火的威力，只是隔靴搔癢而已。我撫摸城門彈痕纍纍的鐵磚時，也想到法國的馬其諾防線，多少苦心的建築設計，仍是不堪一擊。還有我們的萬里城，圍住的總是自己，而不是敵人啊！儘管馬來西亞地廣人稀，但麻六甲的填海造陸正如火如荼，當年的海岸，如今也已成鬧市，我想大家與海爭地，只因海洋寬宏大量，不與貪心的人類計較吧！

我們沿著麻六甲煦煦的夕陽，進入 PARK PLAZA，它位於郊外的一個丘陵上，外觀設計新穎，鬆粉紅色，更增添了浪漫氣氛，是處渡假中心。它有游泳池、網球場，KTV…等各種休閒娛樂設施，每個房間內並有炊事爐台，供遊客使用。中心附近沒有人家，沒有都市的喧囂，環境分外幽靜怡人。我拉開窗簾，只見一陣驟雨，在夕陽映照下，遠山近景一片朦朧，好似一幅潑墨畫，好美！好美！

山腳下的餐廳設計，更具特色，揉和了馬來與日本的情調，更擷取了中國玄關的精華，襯以庭園花草樹木雅石，每個角度都是美。每位遊客似乎都是高格論的鑑賞家，一面用早點一面欣賞，靜靜的沒有半點聲音，只有雨絲與綠葉紅花的絮絮對話。

當天的早點吃得最舒服，是因食物的花樣多而精，稀飯、漢堡、鮮奶、豆漿中西俱全，各取所愛，同時加上環境與人的舒爽，以及即將登車長途之旅—花園城市新加坡的興奮吧！

從麻六甲到新加坡，是二百四十七公里，天氣時晴時雨，車子也時停時開，因為水箱漏水，到達柔佛州已是十二點了。柔佛州也是與新加坡以長堤相連的一州。小曾說，新加坡是柔佛的衣食父母，原因是市場的貨物要比新加坡便宜二三成，每逢星期假日，新加坡的車陣人潮，替柔佛帶來繁榮與財富，這大概是不同的關稅所造成的。馬來西亞最南端的一州佛柔與新加坡在地理上是相連的，但國與國之間的距離是很遠的，因為雖在咫尺卻花了半個小時才辦妥入出境手續，進入花園城市—新加坡。

新加坡

新加坡原為英國屬地，於一九六三年脫離英國獨立，並曾參加馬來西亞聯邦，不到兩年，於一九六五年八月九日脫離馬來西亞聯邦成為一個獨立的國家。

新加坡共和國的土地面積，可能是填海的關係，現已達六百餘平方公里，人口三百萬，華人佔花７６％、馬來人１４％，其他有印度人等，在這裡的華人，將中國儒家與法家精神發揮得淋漓盡致，因為它融和了世界上各民族的文化習慣和傳統，並行不悖，反觀我們同文同種同宗的台灣，還在搞族群對立及國家認同問題，能不汗顏羞愧？

新加坡沒有天然資源，農漁業僅佔全國經濟的2％。它以加工製造及轉口貿易為主，近年來觀光人口突破六百萬人，觀光亦為國家重要收入項目，它短短約三十年功夫，就登上亞洲四小龍的寶座。有人說：新加坡因為有優良的港口，尤其地理位置如在亞洲的十字街，但我認為政通人和，三百萬人一條心，才是成功的主要原因！

聖陶沙島

入境新加坡之後，馬不停蹄的乘坐小巴士開往 NEW PARK 飯店，分配房間，放下行李之後，就匆匆上道參觀—聖陶沙島。我們從世貿大樓，搭乘高空纜車，繁忙的新加坡港以及棋佈等待進口的船隻，在這裡你可以看到龍的躍動！

纜車六人一廂，相當平穩，它固然是交通設施，也是叫座的觀光資源。大約十來分鐘就抵達了，一出纜績車站，引人注目的是水池中一條見首不見尾的巨龍，顏色鮮艷，栩栩如生，遊客競相攝影留念。

新加坡龍的故事

龍，是中華帝王的圖騰，也是中國人的代表，何以在新加坡風景最美的地方就有龍？據說，現任總統王鼎昌先生周遊世界考察歸來時，就力主興建捷運系統，當時他任財政部長，計劃曾遭到議會的反對，中間經過了協調，終於獲得通過興建。但建成之後，經濟大蕭條。找尋原因，結果一位有名的風水師說是修路破壞了龍脈招來了煞神，破解之道，除非四處造龍，或者每個人身戴八卦來避煞，如此方可逢凶化吉。

風水師出了兩道難題，當時總理李光耀先生也感到難為，但為順應民情，也不能不為，因而傷透了腦筋，想必他的頭髮就是在那段時間想問題想白的。聰明智慧的李夫人終於想出了解決的好辦法，就是將大家每天不可或缺的一元坡幣，印上八卦的圖案，這一招果然奏效，不但經濟從此好轉，更是一帆風順。這件事從正面看，或許你認為是迷信，但它的反面何嘗不是證明主政者謙沖的廣納意見的氣度呢？

海底世界—水族館

聖陶沙島，很少居家，是為觀光而建設的，先參觀的海底世界水族館，是隧道型的，中間是電動道，靠邊有步行道，任君選擇。進入水族館，真的有進入海底世界之感，有惡形惡狀的大白鯊，有人人喜愛的海豚，婀娜多姿的各色熱帶魚，牠們悠遊自在，和諧共處，沒有爭議，因為牠們不為明日的生活擔憂啊！

細心觀賞，有好多種魚是從未見過的，尤其那幾尾彩龍，似一朵彩色的樹葉，在水中婆娑起舞，姿態美妙，但看了好久，竟看不出何處是頭何處是尾，導遊小姐說：牠是進口的，身價是百萬新幣，折合新台幣二千萬元，能不令人咋舌？最後乘坐單軌電車，環島一週。

瘋狂電影

在未看之前，我想可能與台灣電影製片廠的身歷聲立體電影差不多，看過之後，兩者實在不可同日而語，所謂瘋狂電影，的確名符其實，瘋得夠勁，狂得過癮，它是集聲光科技的大成，它的座位是依照電影的情節上下左右快慢而移動，由電腦操縱！

電影的背景是在一個廢棄的礦道，裡面的鐵軌及支撐木柱腐朽不堪，觀眾的感覺就像是坐在礦車上，以飛速前進，眼看前面軌斷，車也跟著摔落谷底，不見天日，使你的心揪得緊緊的，嚇得快跳出來！雖然告訴自己是假的，抓緊扶手是很安全的，但逼真的程度，掩過了你的意識，不由你不膽顫心驚。沿途尚有空中懸吊而下，張口吐信的巨蟒，成群而過的怪鳥，頭頂鉅石的下墜，腐朽木柱的倒下，以及即將撞壁而粉身碎骨的瞬間。片長約二十分鐘，當放映完畢，走出電影院時，大家都有歷險歸來，慶幸重生的解脫感，更有緊張激情之後的舒暢感！

晚餐是在一處水榭上用純馬來風味的自助餐，菜餚粗糙，且擁擠不堪，表演節目也不精彩。入夜之後，島上四處燈火輝煌，陣陣人潮湧進水舞場，觀賞精彩的水之舞，噴水在五彩燈光的襯托下，配合音律的高低，水柱時高時低、時左時右，忽而如柳腰擺動，瞬而銷聲匿跡，真是壯觀。聽同伴們說：還沒有我們台中的亞哥花園來得美，是否如此？不得而知，因為亞哥花園的我沒看過。

夜遊新加坡河

看完二十分鐘的水舞之後，又去遊新加坡河，夜是很浪漫的，古人曾秉燭夜遊，我們雖不能秉燭，但雅興是相同的。坐在一條小小木船上，卜卜的馬達聲，吵醒了一河的寂靜，把一河的燈光攪成一河金色漣漪。遠處燈火輝煌的摩天樓，把新加坡的繁華撐在天邊。當我腦海正醞釀詩興的時候，就要回頭了，看看錶全程不到十分鐘，每人花十五元美金，好冤啊！大家心頭火起，交相指責，詩興也遠走高飛！

克拉碼頭—冒險之旅

冒險之旅，是走進新加坡的時光隧道，與其說那是新加坡從草昧進入文明的縮影，倒不如說是「走過從前」來得恰當些。

它的設施可說匠心獨運，也可能是彷效狄斯奈。遊客乘坐小船，船在人工河流中用馬達牽引前進，河寬約三公尺，可能就是古早的新加坡河沿岸的風貌，荊棘叢生、蛇蠍猛獸出沒，猛虎在岸上吼叫，巨蟒從樹上伸下頭來，張著血盆大口，吐著信，未幾，又是一群怪鳥在頭頂掠過，令人心悸！

沿岸有當年英人萊佛士登陸的情景，華人胼手胝足的實況；還有打鐵店，剃頭擔子、茶樓酒館，妓女招徠嫖客的妖媚，活神活現，維妙維肖。它雖然都是模型，但它的大小比例同實物一樣，還有服裝打扮，是經過歷史考究的。看到最痛心的一景，就是抽鴉片的情景，一位骨瘦如柴的軍人，躺在床上，面對一盞如豆油燈，在吞雲吐霧，那股滿足而得意的表情，刻畫得入木三分。鴉片，是中國積弱不振的禍首之一，也是一場民族浩劫的源頭，那盞如豆的油燈，燒得好多同胞傾家蕩產，妻離子散，燒燬了多少豪情壯志，更燒掉了許多民族的自尊。它不是冒險之旅，而是走進新加坡的歷史去體驗歷史！

二十分鐘看完新加坡的百年歷史，看完了新加坡的心路歷程，下船出得館來，心中有午夜夢回的感受。其實克拉碼頭就是五色雜陳的夜市，舉凡吃的穿的戴的玩的看命的算卦的，假如你想秀一下的話，有KTV，並有一大堆義務鼓掌的觀眾，克拉碼頭可說就是夜生活的別名！可不像當年的上海那種紙醉金迷啊！在眩目的燈光中結束了第三天的行程！

魚尾獅公園

魚尾獅─是新加坡的代表，它矗立於新加坡河畔，純白色的，面對伊麗沙白公園，遊客們面對如此奇特的造型而能代表一個國家，跟其他歷史古跡一樣必有一段扣人心弦的傳說神話，導遊小姐完全是以神話著眼的解說，經翻閱資料，果有這麼一段有關紀載。

據說是新加坡原名淡馬錫，中國典籍有記載，一一六〇年，即中國南宋紹興三十年，巴兗邦王國亦即寶利佛斯王國的王子─聖尼羅休多磨出獵，曾駕舟至淡馬錫海邊。於河口岸上，見一獸，身赤色，頭黑胸白，王子問侍從，此為何物?侍者答為─新加（即梵語獅子之意），這就是「獅城」或獅馬之由來，何以變成魚尾?大概是那和頭獅子是從河中上來有關吧!姑妄聽之!

伊麗沙白公園

伊麗沙白公園，位於新加坡河畔，對岸是獅身魚尾公園，後面是國會大廈，大廈前有他們國父的銅像，可能就是英人萊弗斯爵士吧!

公園內處處是綠樹碧草，還有彩色八哥鳥覓食，環境幽靜，空氣新鮮。河畔設有座椅，不妨稍歇，觀賞空中黑烏鴉白海鷗翱翔的那份悠閒，成群的遊客似乎也感染到這種氣氛，靜悄悄的。

此時我很感嘆!台灣已經找不到一個讓人感到寧靜的角落。社會的喧囂，街道的紊亂，給人清靜的公園又被粗俗的歌聲吵得耳根發麻。因為喧擾的環境，而造成台灣浮躁的人心，瞄人一眼，就可能血流五步！這也是因果循環啊！

飛禽公園

飛禽公園，設於裕廊區，園區是一處丘陵地，高山低水依地勢而建，人工中能顯出自然，到處花木扶疏，綠意盎然。乘車繞園一週。

新加坡的飛禽公園，最標榜的是寒帶企鵝館，的確讓是看企鵝不必去南極。整個企鵝館就如同一隻大冰箱，電腦控制一定的溫度，成群的企鵝在箱內娶妻生子，繁衍後代，在館前佇立良久，看牠們各種不同的表態，有的如老僧入定，有的夫妻恩恩愛愛互相修飾羽毛，有的在打情罵俏，有的在水中追逐嬉戲，有的小企鵝依偎母鵝胸前，溫溫馨馨。不禁自問，牠們快樂嗎？我想是否定的，它如同我們人類的外役監獄，雖然身體無拘無束，但在心理精神上感覺是不自由的。牠們看到的不再是連連綿綿的冰山，也聽不到狂風挾冰雪而來的震天怒吼，更看不到愛斯基摩人在冰天雪地的世界，同樣為生活生存而搏鬥的景況，館內的企鵝老一輩的將忘記南極，新生代將慢慢轉化成弱不禁風的菜鵝。臨走時一隻帝皇企鵝，偏著頭在對著我笑，在笑：人生苦短，何必為牠們想得大多呢！牠又張開翅膀不停地點頭，我領悟到，牠是在送客再見啦！

離開企鵝館去看鸚鵡秀，台上已經坐滿了膚色不同的觀光客。表演開始，先由一群塘鵝登台亮相，在音樂奏節中婆娑起舞，下面的節目是由鸚先生獨挑大樑，計有升旗、拖車比賽、空中接食、鑽圈套、叼鈔票等等，博得滿堂掌聲，及孩童們歡笑聲。

鑽石珠寶公司

新加坡的鑽石珠寶公司，在國際珠寶界是頗負盛名的，因為該公司在國際珠寶設計比賽中得過大獎，因而鑽石珠寶商及慕名而來的觀光客絡繹於途。

櫃內陳列珠寶鑽石琳琅滿目，在電燈照耀下，件件光華耀眼，讓女士動心，付款刷卡時也讓男士痛心！當然老闆開心囉！進入公司，在奉上每人一瓶飲料之後，就依各團的言語來指定推銷員。我們這一團的接待員是位男性，相談之下，他原來是北港隔鄰的水林鄉人，聊起來分外有親切感，因為我在北港糖廠待了十五年。他鼓起如簧之舌，終於打動了吳小姐的芳心，一條本年度得到設計獎的：金項鍊，開價新台幣七千八百元，幾經討價還價，終於以五千元成交，有無上當？只有天知。我雖然只看不買，卻沾滿一身的珠光寶氣離開珠寶公司，也在眼花撩亂中結束了上午的行程。

遊印度尼西亞—巴淡島

下午導遊安排的自費行程，遊印尼的巴淡島，所謂自費並不是前面的所有行程是免費，而是不包括在內。費用是美金八十五元，包括品嚐一盅燕窩在內二十五美元。我本想不去的，不是怕花錢，而是認定沒有遊覽的價值，而他們認為花八十五元美金，多去玩一個國家是值得的，在孤掌難鳴之下，只好服從多數。

新加坡至巴淡島，我們坐快艇。觀光客並不多，一路風馳電掣，船後的螺旋槳，掀起一條長長的浪花，煞是壯觀，因而想起—「浪淘盡千古風流人物」—的名句，竟忘了身在異國！約四十分鐘船程，於下午三點抵達—巴淡島，碼頭簡陋的設施可以想見一斑。

下得船來，收去護照，辦理入境手續非常便民，導遊小姐權充官員自行蓋印，聽說一人收外快兩元印幣，所謂外快一詞，在此詮釋得淋漓盡致，因有外快，辦起事來分外的快啊！

人說菲律賓是千島之國，但與印尼比起來真是小巫見大巫了，印尼有一萬三千六百六十七個島，有二百六十六個種族，計二六七種語言，人口一億七千萬，爪哇人佔42%，華人僅佔3%，但華人在全國經濟上深具影響力。

導遊說：巴淡島四一六平方公里，人口四十萬，一切正在開發中，據說台灣的光華基金在島上租地設廠，但經營並不成功，由於該島緊鄰新加坡，李光耀總理於一九七一年造訪時，總統蘇哈托親臨接待，李光耀有意買下巴淡島，總統不同意出售，但同意出租五十年，李總理認為建設需要數十年，無利可圖作罷，這也是巴淡島的一段佳話。

我們驅車深入島內，沿途難得看到一戶人家，也沒看到河流，紅色的土壤，生長著矮矮的樹林。約半小時來到一處表演場，非常簡陋，表演著類似酬神的舞蹈以及吃火、跳火圈。表演者是四個小孩，連同打鼓吹笙的二人樂隊一共六個人，他們的服裝類似我們阿美族的傳統服，看到很眼熟，是否有血緣關係，值得研究，因為服飾是一個民族傳統文化的一部份啊！

大夥兒對表演節目沒有十分的讚賞，如同一幅抽象畫，沒藝術修養的人看不懂，但在口乾舌燥時那一顆清清涼涼的椰子，喝在嘴裡的舒暢感，卻是有志一同。看完表演之後，來到人煙稠密的精華地帶，巴淡島名古屋如台灣的鄉鎮，是老闆們休閒遊樂的銷金窟，在山上建有印尼各族住居的傳統樣品屋，我仔細觀察他們房屋的造型與台灣原住民的迥異，從門口的裝飾可以顯示屋主的地位，從門的多寡它告訴你屋主有幾個老婆？擁有四個太太是合法的，但也得依個人的經濟狀況來決定，窮光蛋照樣連一個也沒有。

晚餐是海鮮大餐，餐廳是建在汙淺的海灘，名為濱海城高腳屋，一連數棟，迴廊相連，甚為寬敞，簡陋中有幾份雅致。那晚剛好有一團台灣獅子會的在KTV歌唱比賽，席開十餘桌，猜拳鬧酒喝歌，把台灣的飲食吵鬧文化帶到了寧靜的巴淡島，令人側目！

參觀動物園

十一月十三日，是在新加坡的最後一日，上午參觀動物園，園區環境好像我們高雄的澄清湖。同飛禽公園一樣，有環園遊覽車，一進園內，所看到的是一片自然，沒有鐵欄柵之類的設施，而是以水溝來阻擋。但依照各種動物的習慣及生長的自然環境設計佈置，再配以巧妙的花坵花圃，環境相當怡人，也聞不到糞便的臭味。它不但是動物園，也是公園，這是它的成功之處。

園內除一般常見的獅子、老虎、花豹、大象、長頸鹿之外最特殊的就是數十種不同種類的猿猴了，真是千奇百怪，見所未見，大開眼界。園內有兩隻專門陪觀光客照相的黑猩猩，非常逗人喜愛，園方有專門的攝影師，使用拍立得，隨拍隨取，生意興隆，一大堆觀光客在排隊購票，真是生財有道。

動物表演，是很叫座的，表演台前是一水池，與觀眾席隔開，以策安全！表演者以黑猩猩為台柱，內容則以滑稽逗趣的動作為主，獲得滿堂的掌聲。還有一隻聰明的黑猩猩牠會兩位數加減法，題目由觀眾出，證明動物的智慧跟人類一樣是可以開發教育的！

觀光客的意見

快結束時，導遊小姐發給每人一張意見調查表，並嚴正的說：「觀光客是新加坡的衣食父母，政府非常重親客人的觀感與意見，假若各位認為我服務欠佳的話，那我明天就會被炒魷魚了，這不是虛應故事，是認真的，但願各位能不客氣的指正，新加坡才會更進步。」由此可見他們對觀光事業的重視了！也可見他們的用心啊！

告別新加坡

在機場餐廳晚餐之後，乘十九點五十五分的澳洲航空班機飛吉隆坡，在一陣馬達的吼聲中告別了燈火中的花園城。二十點五十五分準時抵達吉坡機場，適逢他們麥加朝聖團回來，機場內外人潮洶湧，萬頭鑽動，由此可見人們對宗教信仰的狂熱。入境之後，導遊已在等候，只是車子換新了，在路上還算順暢，抵達 DYNASTY 飯店，有點親切感，因為它曾是住了一天的家啊！回到房間打點行李時，又想到高雄的家！

他山之石

坐在長榮航空 BR 三五八次班機的頭等商務艙裡，在空姐殷勤的服侍之餘，靠在椅上腦海隨著窗外浩瀚的雲海起伏，五天的馬新之旅，到底有何收穫？

古人說：讀萬卷書，行萬里路。旅遊的最大目的，是在飽覽他國的湖光山色風土人情之餘，更要體會人家的文化精神生活，看看人家，更要想想自己，得其善者而從之，其不善者而改之，就個人管見所及，陳述於後。

一、錯開上班時間

在吉隆坡我們每天上午差不多都是在交通的尖峰時間出門，但無論在市區市郊，都沒有塞車的現象，我原以為是車少的關係，小曾說：吉隆坡的車輛並不少，是錯開時間措施有效，規定上班時間是政府機關八點，私人公司工廠九點，一般銀行商店十點，我們每天交通「便秘」的台北，是否可以仿效一番？讓交通暢快人也暢快呢？

二、獎勵私人投資

當第一天車輛疾馳在聯邦大道上，小曾以驕傲的口吻說：這是老百姓修築的，政府沒花一塊錢，十五年後歸政府所有，目前收費並不高，大車一元小車五角，以及八百六十八公里的南北大道，也是公私合資的。我們交通主管當局，好像只聽到樓梯響！獎勵條例沒下來！是否放在立法院圖書館？

三、機車行駛須開亮大燈

導遊說：馬來西亞的機車肇事率也很高，自現任交通部長林良實先生上任之後，規定摩托車在行駛時無論白天晚上要開亮大燈，旨在提高來車的注意，施行以來減少了30%的車禍。他們和新加坡的摩托車騎士找不到不戴安全帽的，因為罰得很重。新加坡的摩托車很少，固然由於他們的公車便利，聽說遇到下雨必須停在路邊不可行駛，是一大原因。反觀我們勸導戴安全帽——流血不如流汗—有效嗎？徒法不足以自行，請為每年減少千百年輕力壯的冤魂，大發慈悲吧！嚴懲嚴罰，就是救苦救難，大慈大悲啊！

四、政府廉價住宅

馬來西亞的政府廉價住宅，也就如同我們的國民住宅，雖然都是為解決住的問題，但在做法上是不同的。他們的條件是月薪不滿二百元的低收入戶方可承租，每月繳交可以負擔的租金，繳二十年後，房子就歸租戶所有了，但我們有幸抽到的無殼蝸牛，面對那筆龐大自備款，真是捨取兩難啊！住宅處的大爺們，拜託參考研究一下吧！

五、驕傲的瘖啞人

在吉隆坡加拉尼波路，也就是我們下榻的 DYNASTY 飯店附近，有間麥當勞速食店，非常有名，而且叫座，並不是店裡的漢堡有什麼特別，而是店裡的經營者很特別，從老闆到夥計，清一色的瘖啞人。不要誤會，以為生意興隆是因顧客是基於同情而特別去照顧的，而是在店中無聲勝有聲。他們那般對顧客的熱忱，在靈活的手語中，在快樂的臉上，表露無遺，在那裡，說話反而是多餘的。他們在健康人的社會中樹立起一種難得的成功模式，化消耗為生產，讓人另眼相看。但反觀我們的殘障同胞，好像除了賣口香糖乞討的之外，是否該另謀出路呢？業者是否也考慮一下，教人捕魚比送魚給人吃更有意義啊！

六、花園城市

當我從馬來西亞的柔佛州踏入有花園城市美譽的城市—新加坡共和國之後，我就一直在睜開眼睛看，是否名實相符，的確！名不虛傳，地上找不到台灣遍地可見的塑膠袋、飲料盒、煙蒂、檳榔汁，到處的草皮都是綠油油的，觸目所及讓人感到舒適！髒亂在此地絕跡。

花園城市，跟羅馬一樣，不是一天造成的，他們推行清潔運動長達十九個年頭了，還一直鍥而不捨，努力不懈。不像我們什麼大小運動，只有五分鐘的熱度，我們地上髒，連電線桿上牆壁上都貼滿搬家、修馬桶不通、房子漏水的廣告紙，住家管不了，政府不願管，造成髒亂而可恥的環境奇觀，它日日夜夜在污染我們的眼和心！長年累月在諷刺公權力！

七、不做垃圾桶

垃圾桶，在新加坡不但是個物品的名詞，同時也是一個不大榮譽的代名詞，凡亂丟垃圾的人，被便衣人員捕到之後，除罰為數不少的錢之外，還要選一天和其他將丟垃圾的人集合在一起，穿上寫著「垃圾桶」三個大字的背心去打掃街道，電視台記者一定會來錄影採訪，當晚便在新聞中播出，讓全國的人都知道，並建檔備查。他們因而養成整潔的習慣，為了鈔票為了名譽不願也不敢啊！這方法在台灣可能沒有效，因為很有錢多沒有廉恥，坐監還要鋪張舉行惜別會，搶匪槍斃後下葬，民意代表還送「痛失英才」的輓聯，垃圾桶又算什麼呢！

八、國民住宅的一樓

走進新加坡，你找不到台灣四處所見低矮破破爛爛的違章建築，都市沒有生瘤，所以市容非常整潔。這當然是國情不同所造成的，但他們對國民住宅周詳的設計及供需平衡的考量是主要的關鍵所在。

看到他們高聳的國民住宅，感到很怪的一件事是一樓都是空著的，就像馬來人的高腳屋，在寸土寸金的台灣人看來簡直不可思議，一樓是最昂貴的黃金店鋪，是不是新加坡的人太傻呢？還是我們太聰明？

原來他們的一樓，是整棟住戶的公共場所。它可做兒童遊樂場、鄰居聊天聯誼、老人們喝茶下棋、婚喪喜慶酬神宴會、住戶會場等各種公共活動之用。不像我們台灣把公共使用的馬路，當成一切喜慶宴會的場所，一人之慶，造成千人不便，習以為常，見怪不怪，只顧自己方便，管它什麼社會成本！

九、窗戶上找不到鐵窗

在遊覽的行程中，我總是愛盯著窗子看，老是覺得怪怪的，因為它少了那一層鐵窗，在台灣的建築物，窗戶與鐵窗，好像是無法分割的連體嬰。朋友！人家能，台灣為何不能？在意識中我們的大小房屋，就是式樣不同的監獄，鐵門鐵窗擋不住小偷，相反的卻關死了自己的性命，火災時無處可逃啊！這事屢見不鮮！我們不奢望堯天舜日，路不拾遺的大同社會，但願還給窗戶自由，也還給民眾住家視野的自由！

十、小貨車上的示警燈

新加坡政府施政最成功的原因，在於面對問題，解決問題，劍及履及，決不敷衍塞責。譬如他們的交通事故，肇事率最高的是小貨車，肇事的原因大多是超速，因而設計在小貨車的車廂上面裝上一盞黃色的超速示警燈，只要你一超速，黃燈閃亮，便告訴警察來開罰單。這種車輛，出廠時就已裝妥，不但絕，也非常有效，反觀台灣撞死人不眨眼的砂石車，多少冤魂慘死輪下，卻毫無對策！我想是不為也，非不能也。

十一、節約用水

新加坡水資源缺乏，全賴馬來西亞供應，從柔佛到新加坡的長堤上，有三條大的送水管，導遊打趣地說：新加坡要得罪馬來西亞，他們就沒有水可喝！這也是真情，所以他們對節約用水的做法是非常徹底的，所有公共場所的水龍頭，都是手壓式的，如此節省了浪費！不像我們只是虛應故事，說說罷了。浪費到最後，只有限制，分區供應一途，造成全民的不便，也就是飽時不思餓時苦的後果！

十二、以稅制量

新加坡對於菸酒汽車的稅課得很重，目的是以價制量，寓徵於禁，對於口香糖更是深惡痛絕，嚴禁帶入，車稅更是百分之四百。在新加坡有錢並不一定能買車，買車必須有購車許可證，政府視情況決定數量之後，公開投標，得標者方可購買，許可證使用期限為十年，以控制車輛的快速成長。而台灣則成為汽車天下，無論大街小巷，車子停得滿滿的，修馬路是在建停車場，道路經常癱瘓，惡果循環，大爺有錢，想買幾輛就買幾輛，誰管得著呢？有錢人有買車的自由，但人民沒有忍受塞車的義務，不是政府無能，而是人民無奈啊！

十三、警察就在你身邊

新加坡短短三十年，造成新加坡奇蹟，不禁要問，同樣是華人，何以如此？他們能政通人和，個人認為是因他們只有政治家而沒有政客，以及具有明是非的國民，另外還有五萬名沒穿制服的警察監督者。人嘛總是心存僥倖的居多，能不欺暗室的君子是很少的。讓人有「警察就在我身邊」的警惕，看起來似乎不應該，有違自由民主，但仔細想，沒法治，自由民主能生存嗎？這在台灣的社會就表露無遺，就是因為法律經常休假嘛！且讓我們一起慚愧吧！

在飛行中，我想到上面這些問題，也在思索這些問題，筆者並不是有意挑剔，而是一片誠心，希望以他山之石以攻台灣之錯，希望今年比明年會更好，更期盼激起—「新加坡能，我們台灣更能」—的共同意識。國人在外處處受歡迎，是因為我們國家的富有，因而我們要珍惜今天擁有的，切莫讓台灣的奇蹟成為明天的歷史！

人說：遊遍千山萬水，還是自己的家鄉最美，一點也不錯，外國再好再美，終究是奶媽的孩子—人家的！

訪問紀遊

八十七年九月廿三日，筆者隨高雄市文藝協會，應中國作家協會邀請，訪問北京、瀋陽、南京、揚州、杭州，為期十天。除北京是第二次造訪外，其餘四個地方都是第一次去。雖然是第三次「出國」，沒有近鄉情怯之情，但內心仍有一份歡欣的衝動，因為對各參訪點的名勝與古蹟，欲攝影寫作的取材，都憬著一片美好，而筆者所記所述，也只是道聽途說；以粗淺的見解，記錄浮光掠影而已。在浩瀚的中國歷史古蹟長河中，十天的遊歷，豈能深入？

北京雲居寺

此次訪問，在北京僅半天的時間，安排參觀六十公里外的一座古寺—「雲居寺」。對於廟宇，個人一向是不大熱中的，何況是一間不甚聞名的寺，但中國作協的金堅範書記，在宴會上鄭重的介紹雲居寺，說它是宗教的、歷史的、文化的遺跡，也是千年僅一見的瑰寶。

聽這麼一介紹，使我打消單訪西山拍楓葉的念頭，因為楓葉年年有，四處有，千年僅一見的瑰寶豈可錯過呢？廿四日上午八點就從下榻的安徽大廈出發，接近該寺十餘里之處，左側儘是石山，皚皚如白雪，點綴在翠綠的松柏之中，地陪介紹，那不是白石頭而是聞名的漢白玉，讓我們這群土包子作家，咋舌地大開眼界。

我問地陪，雲居寺是否也像全國其他寺廟一樣，是劫後再生的，地陪說：「正好相反，因為它年久失修，一片破爛荒涼，所以當年的紅衛兵看不上眼，免除了一場災殃。」頓時想起莊子的逍遙遊上有則寓言，無用的樗樹，因為它沒有用，自然不會有人來砍伐，所以長得蒼勁高大，這是天下至理。

該寺確係破舊，斷垣殘石，一切正在趕工修葺，經考證歷史，雲居寺又名西峪寺，位於北京西南六十公里房山區，初建於唐朝初年，規模宏大，古物及唐塔多座，可惜毀於日寇砲火，該寺因存有大量的石經古塔群而聞名於世。

為何要刻石經呢？據記載；佛教傳入中國之後，在北魏北周時代曾遭受兩次的佛難，皇帝詔告「廢法廢佛」，佛門弟子視之為「法難」。當時有位虔誠的信徒，為保全佛經恐再次遭難，便發願刻經，先後達千餘年，刻經千餘部，三千五百餘卷，共一萬五千餘塊雙面刻經。這批佛經，不僅是研究佛教典籍，校正錯誤的重要實物資料，也是研究我國古代文化和彫刻書法藝術的珍貴文物，因而被稱許為「北京之敦煌」。

但在寺內四十年前出土的一批石刻，專家們發現有風化的現象，因而決定於一九九九年九月九日九時九分九秒，重埋地下，這也是掀起旅遊高潮的景點。

「千年一見」，如此一座荒僻的寺院，慕名而來者絡繹於途，而冷眼旁觀、湊熱鬧的人居多，知性之旅的人少之又少，石經陳列館以及文物攤前，門可羅雀；吃食攤位，則門庭若市，可為證明。

前後約兩小時，除了攝取幾個鏡頭之外，回程中在想，當年刻經的目的是為保存，不是為炫耀取悅，經刻在人心才是長久，刻在任何物質上，總有風化石化碳化的一天啊！

石經山

循原路而回，約三公里處，名石經山，也就是隋朝大業年間開始，刻經藏經之處。山雖不高陡，但路上儘是大小不一的石頭，坎坷得很，上山的人並不多，平時不運動的人莫不視為畏途。時近中午，火傘高張，滿山扁柏，翠綠可愛，樹並不高，證明是新種的。轉了一彎又一彎，前面的人在喊，到了！到了！好不容易到了頂點，只是深谷在前，藏經室在對面山巔，只有望山興嘆了！雖然沒有進入藏經洞，但也賺了一身汗，感到午餐特別香甜！

大陸所謂佛教領袖趙樸初，在無神論的國度中，雲居寺修復之後，親書頌詞，實屬難能可貴了！

鍥而不捨歷千年，石經寶藏冠人間。
雲居昔日何巍然，護持文物集群賢。
一朝頹壞哀烽煙，空留碑碣對塵寰。
今逢盛世希有緣，願觀眾力復莊嚴。

說句良心話，大陸同胞對宗教信仰是很篤信的，但官方卻著眼於觀光事業，說穿了修廟的經濟效益是值得的，也只好把黨義擺一邊，把鈔票放在中間，何況修廟還有海外的大批資援，何樂而不為呢？

日壇午餐

日壇，歷代帝皇祭日的場所，它是神聖的，平民百姓只能遠觀不能親近的。今日有幸在壇內午餐，嚴肅的建築，被踐踏成普通的餐廳，那份古色古香竟在中庭的花陽傘下乘涼，帝皇在此祭日，觀光客卻在此祭五臟廟，實在有點諷刺！

夜抵瀋陽

北京距瀋陽六百五十公里，乘中國新華航空下午五點五十的班機，七時到達，瀋陽的文友早在機場熱忱地歡迎了。在進入市區的路上，地陪也逞其口舌宣傳的能事，寬敞的快速路，如織的車輛，讓初臨瀋陽的人有良好的印象，地陪說：「要富，先修路，少生孩子，多種樹」。從這順口溜中，可體會到人民先進的覺醒，而東北同胞的願望並不高，只求「一兩畝地，一頭牛，老婆孩子熱坑頭」。此生足矣！這就是知足常樂的人生，難能可貴的民風，也是宗教所強調的人生觀，因而養成東北同胞豪放的性格，無欲則剛吧！

地陪小姐又說：「瀋陽沒有不敢打的架，北京沒有不敢說的話，上海沒有不敢賺的錢，廣州沒有不敢吃的東西。」可說一語道破各地的民風。

太陽鳥

瀋陽的圖騰是太陽鳥，也是瀋陽人的驕傲，所謂太陽鳥，現在地球上可能沒有這種鳥，它只是在一九七三年有位農民在挖地窖時發現的「新樂遺址」。一塊被燒成炭的木刻鳥，已成炭化，經測試已經有七千二百餘年，可證瀋陽的文明進化早於其他各地，所以驕傲。

在新樂遺址中，看到先民的生活，有幾分似台灣的原住民，尤其是他們的住屋，半地下半地上的圓型屋頂，真像原住民雅美族的翻版，他們是否有關連，值得深入探討。

在瀋陽市政府廣場，矗立著金色太陽鳥的圖騰，一片綠草如茵，更襯托出它的偉雄壯觀，廣場中央有三塊大殞石，已經被觸摸得發亮。還有人在閉目許願，我也摸著殞石照了一張相，因為這是值得紀念的生平第一次。在摸時，我也閉目，但不是在許願，而是在冥想，它曾是天上可望不可摘的星星，我此刻終於摸到了，心中有種莫名的興奮感。但願它不是翹家的星星，而是太空派來的使者，來告訴天下浪漫的詩人，勿再對太空寄情，它脫掉亮麗的外衣，展現的是如此堅硬醜陋的胴體吧了！

瀋陽故宮

瀋陽故宮，它曾是中國帝皇最後一個王朝的發祥地，稱霸中原的達二百六十七年由此發跡，在歷史上被稱為「盛京宮殿」，它是清太祖努爾哈赤、太宗皇太極營造使用過的。但看過北京故宮之後來看瀋陽故宮，好像來到小人國似的，建築的格調雖然相同，卻沒有那雄偉莊嚴感。不管怎樣，它曾是大清統治全國之前，東北地區局部政權的核心，也曾是清朝歷代帝皇東巡駐蹕之所。

它的建築，主要的分為四殿：即大政殿、崇政殿、迪光殿、頤和殿。三宮即清寧宮，保極宮，介祉宮。大政殿是故宮最早的殿，用來舉行大典，宣佈軍隊出征，迎接凱旋歸來將士和皇帝即位等，崇敬殿，在前院正中，前有大清門，這是故宮的正門，是當年文武群臣候朝之所。據地陪說：大清門的正大門只有一個人走過，就是明朝的敗類洪承疇，所謂：人不能流芳百世，寧可遺臭萬年。老洪他深諳此道，昭彰的惡名，被絡繹的遊客唾棄不齒，他當可含笑九泉矣！崇政殿實包括東宮西宮，東宮又包括頤和殿和介祉宮，介祉宮是乾隆東巡時母后下榻的地方。清寧宮，俗稱正宮，是皇太極和皇后博爾濟吉特氏的寢宮，皇太極就在此宮，端坐無疾而終的，年僅五十二歲。值得一寫的是故宮西路有一組建築，它的主體建築，就是典藏四庫全書的文淵閣，是全國著名七閣之一。附近有仰熙齋，是皇帝讀書的地方；閣之東面有碑亭，藏有乾隆御筆的「御制文淵閣記」，有關故宮博物院，大都是舊皇宮遺留下來的宮廷文物。

宮內的陳設，並無予人奢侈豪華之感，在簡樸中孕有豪邁粗獷之氣，宮殿低矮而踏實，彫飾是點到為止，在建築中可窺其民族性。

張學良舊居

東北王張作霖的故居，人稱大帥府，好似江南庭園，青磚結構的三進四合院，透著古色古香，表現出溫文與儒雅，這似乎與主人的學識不甚相稱。不管怎樣，它在近代歷史上寫下很重要的一頁。在北伐統一戰爭中，少帥易幟，使得缺角的青天白日滿地紅旗，在此完整地在全國的人心中飄揚，在長久對日的抗爭中，大帥的民族正氣，做了中流砥柱，以致在皇姑屯遭日寇毒手殞命，在他與六位夫人一起陳列的蠟像館壁上掛有一幅對聯，字體猶如小學三四年的筆調：

「一丸塞涵谷，三箭定江山」

落款張作霖三字，不管是否是他親撰的，但這份干雲的豪氣，正是霸佔一方英雄草莽本色，他的成與敗，功與過早已蓋棺論定矣。

大帥府，是在民國三年，他任北洋軍閥陸軍第二十七師師長時開始建築的，並一棟五十七間。四合院的正門，照壁，用漢白玉嵌有「鴻禧」二字，頓時想到我們台灣出盡風頭的「鴻禧山莊」命名的靈感是否源於此？四合院的兩扇朱漆大門，很俗氣的彩繪著秦瓊與敬德的門神，可惜沒能守住命運之神；但在一處門楣上懸有一塊匾額，上書「護國治家」，另一塊寫「望重長城」，的確是實至名歸。

少帥張學良，他是「西安事變」的關鍵人物，在抗戰軍興期間，「安內攘外」國政大計，一直是國共政治角力的問題。不可否認的，共產黨的火種得以保留而導致燎原得逞，今天以國民黨的立場看來，先安後攘應是正確的。府內有一蠟像室，名老虎廳，是陳列處決兩名通日的幹部楊宇霆與常蔭槐的地方，由此可見少帥仇日的明快行動。

共產黨人稱少帥為「愛國將軍」，我認為是不夠的，應該是救黨的恩人才對。

在府的前廳，有中共故總理周恩來中肯的題詞：「漢卿是抗戰有功之臣，將來青史是要大書特書，我們共產黨人永遠不會忘記這位老朋友，中國人民也永遠不會忘記這位力挽狂瀾的將領。」

大帥府，現在名稱是「張學良舊居陳列室」中共官方聲明，只要少帥回瀋陽，府宅會歸還給他。開放探親這麼多年了，販夫走卒都回家鄉好多次，但一位共產黨眼中的大功臣，卻再三的婉拒中共官方的邀請，滯留海外，他的心理是反共還是親共？面對歷史千秋之筆，他的思考是不會輕率的，但世事多變，誰又能知道未來呢？

參觀北陵

北陵是太宗與皇后博爾濟吉特氏合葬的陵墓，陵園並不壯觀雄偉，但傳說有很多。地陪說：正因為太宗葬的地正是龍脈，所以能順利入主中原二百餘年。陵前的石馬、石象、石駱駝分列兩旁，漢白玉的華表，在翠松的掩映下格外的凸現。，亂七八糟的攤販，撐開大型的遮陽傘，把整個景觀破壞無遺。陵的最後是太宗的墳墓，形同一個大饅頭，墳前有塊石彫的照壁，上面是一些花草。據說墳內的奧秘是在花間，只是外人看不懂。地陪在瞎扯，遊客在傻聽，我在傻笑。為保密要殺盡工程人員，還會公然刻在照壁上，真是笑話！

遼寧省博物館

遼寧省博物館，原名東北博物館，館址原係奉軍閥熱河督軍湯玉麟的官邸。佔地一九六〇〇平方，風格典雅而華貴，新舊陳列大樓兩座，面積四〇〇〇平方米，尚有歷代碑林陳列室八〇〇平方米。

館內精品薈萃，享譽中外。館藏十五萬件藏品中，以歷代書法、繪畫、刺繡以及東北出土的文物精品為主，其中有顧愷之的「洛神賦圖」、唐武則天時代弘文館鈎填本「王羲之一門書翰」、唐代開元大畫家周昉的「簪花仕女圖」、歐陽修的「夢奠帖」。

元明清以來的書法作品更是豐富，如趙孟頫的「紅衣西域僧圖」；王蒙的「太白山圖」；明初文徵明、沈周、唐伯虎、仇英的成品；還有揚州八怪的作品，及晚清以來的大師，如吳昌碩、張大千、齊白石、徐悲鴻、傅抱石等人傳世之作。

遼寧省博物館，還有一項特別的收藏，那就是在當地出土五千年前的「紅山文化」的玉、陶、塑；三千餘年前的商周青銅器，直至漢唐宋元明清的收藏。館藏珍品曾赴日本、德國、美國、加拿大、荷蘭展出，中華文化於焉弘揚於世界。我想，日本人看過後會很難過的，只因當年沒有搜刮殆盡。我不懂得藝術的，但整個上午優遊在中華文化的真善美中，滿眼璀燦的光輝，讓人陶醉，也深深地感到身為中華兒女的驕傲與光榮。

老邊餃子館

九月廿六日，是在瀋陽的最後一晚。遼寧省作家協會特意選在中街著名的「老邊餃子館」為我們餞行，那是瀋陽市最熱鬧的一條街，店內座上客常滿，盤中餃不空，四五碟小菜上完後，盡是清一色的主菜餃子了。

目前該店研發出的品種有百餘道，炸、烤、烙，煮的不同，餡也不同，餃子的外觀也不同，極盡噱頭之能事，東道主作家協會，當晚點了十六道，每上一道，侍者必報一道餃子名及餡的內容。前十道一上桌，秋風掃落葉似的一掃而光，因為肚子空，餃子小，一口一個恰到好處，十道以後速度就慢下來了，慢慢的就乏人動箸了，但最後一道是不會放過的，它名為御龍酒鍋餃子，顧名思義，是用御龍酒下的餃子，但連餃帶湯並沒有酒味；看到爐中火焰熊熊，可能燒的御龍酒，也是一般燃料酒精罷了。

在吃御龍酒鍋餃子時，不用自己挾撈，而是由穿著清裝的侍者，用大磁羹勺按座次分；他在鍋中任意撈，撈到一粒，他就說，一定高陞，兩粒是升官又發財，三粒是三星高照之類的吉祥話。鍋中有幾粒餃子他心裡有數，從頭到尾沒有撈到三粒以上的，到最後的只有清湯，他會說：下次再來！酒足餃飽，賓主盡歡。

說良心話，我對享譽東北的老邊餃子，感覺吃到不如聞名，在我的湖南辣嘴裡，味道總是差不多的，只可稱是食品藝術的展示。它的分店已遍及東北各大城市，並在北京開設了冷凍水餃廠，已成集團氣候，說不定有天會登陸台灣呢？相聲大師侯寶林曾揮毫題一條幅—「老邊餃子，天下第一」。個人並不以為然，還是自己包的合胃落實。

東北重鎮

瀋陽是東北政治、經濟、產業、交通的重鎮，自古便是兵家必爭地，尤其是在民國廿年的九月廿八日，日本藉「中村事件」，襲擊北大營，強佔瀋陽，瀋陽之名在全國同胞的心中沸騰。抗戰歌曲中，好多首都有瀋陽的大名。我心中的瀋陽印象，是在軍歌中被灌輸，一提起瀋陽就有一份不一樣的親切與尊敬，當年，在日俄環伺下，它曾是東北的砥柱，邊關的長城。

未起程前，天天觀看中央電視台的氣象報告，總是在十度以上，心想在台灣十五度的天氣就涼意很深了，我們的團長嘯虹先生，起程前夕，還交待多帶衣服，因此一大箱都是禦寒的衣服。誰知一到瀋陽，感到涼爽宜人，不冷不熱，全身乾乾爽爽的，因而想到流傳北方人一生只洗三個澡的笑話，雖然言過其實，但事實上兩三天不洗澡也是可以的，不會讓人感覺難受。

瀋陽的街路是很特殊的，不像一般都市，通常都以街道的寬窄來定，而瀋陽是東西為街，南北為路，讓人一看到街路就知道它的方向，不像台灣都市街道，迷魂陣似的難找。

在我們訪問期間，剛好中秋節將屆，瀋陽市藉此舉辦商品展售，地點就在玫瑰酒店前的中街，交通封鎖，車輛禁行，大街變成徒步區，到處張燈結綵，熱鬧滾滾，但瀋陽人似乎不習慣夜生活，華燈初上後，街上就冷靜了；原因是公營的商業多，店員也是國家的公務員，朝九晚五的，誰願意加夜班為公家賣命賺？社會制度使然爾！

廿六日早起散步時，發現酒店的左側大街邊，停了一輛嶄新的遊覽巴士，但走近一看，出乎意料的，竟是一座移動公廁，車前擺了一張辦公桌几，我好奇的去問收費標準，竟然大號一元，小號五角。這在一般小老百姓眼中，是項奢侈，也是樣板，因為一元可以湊合一餐了。

在中街的盡頭有處商場，一眼看不到盡頭，每個攤位約一坪半大，整齊劃一，一共四千多個，甚是壯觀。它分門別類，看不到一點髒亂。值得一書的，有的攤位門上，釘有金底紅字共產黨員頭銜，此被視為一項至高的榮譽，我想也是一塊護身符吧！這也是中共政權牢固的癥結所在，當然也是自由民主潮流的石敢當！

石頭城

廿七日晨，在瀋陽作家們熱忱歡送下，我們搭七時卅五分的飛機赴歷史名城—南京。南京距瀋陽一千二百公里，等於高雄飛台北的兩個來回，費時一時五十分就到了，南京位於長江下游，在這裡建都最早的是三國時代的東吳，下來便是東晉、宋、齊、梁、陳、太平天國，明太祖朱元璋以及民國十六年的國民政府，均奠都於此。

「巍巍鍾山，龍幡虎踞，石頭城」，自古皇帝均相信地理風水，地理好，就可以稱帝稱王，永垂無疆之庥，所謂地靈人傑也。但有幾位帝皇能造福於民，做萬家生佛，以致人傑地靈呢？南京它似一面鏡子，又可說是位德高望劭的證人。

雨中謁陵

上午抵達南京的新機場，因為順路，先謁中山陵。一進陵園的大道，就有一種肅穆之感，路旁蒼勁翠綠欲滴的松柏，枝椏未曾修剪，展現出自然的風貌，在煙雨濛濛中，讓人分外的清新舒爽。

中山陵，在影片中不知看過多少次，但只有親歷其境，才會被它的壯觀雄偉所感動而心悸！我抱著一顆愧疚的心拾級而進博愛之門，肅立在書有「中國國民黨，葬總理孫先生於此」的碑前，更有一份身為黨員的傷痛。碑曾被毀，是為觀光收入而修復，一如修復寺廟一樣，好可恥啊！

中山陵位於南京的紫金山之陽，上狹下寬，呈警鐘形，從上俯下，看不到階梯，只見平台，從下往上看，相反的只見階梯，不見平台。階梯共三百九十二級，下往上看，象徵革命坎坷維艱；上往下看，只見平台，可能寓意各民族一律平等。中山陵是自古以來，唯一沒有墓誌銘的陵寢，陵寢的壁上，鐫刻著建國方略，建國大綱。此乃　國父一生之抱負期許，在強權欺弱的時代，天不生　國父，真是萬古如長夜了！

國父的偉大，在於他真正的為國家民族及廣大的人民服務，除傳說中的堯舜，可能前無古人了。現在活躍政治舞台上，不是政治家而是政客，反觀成立了四十九年的新中國，民族主義已經抬頭挺胸於世界，民權主義尚未誕生，民生主義正在努力，仍然是「革命尚未成功，同志仍須努力」。細雨濛濛，正好掩飾麻木的遊人流不出的眼淚！

參觀南京博物院

南京博物院，是大陸著名的博物院之一。我不懂古董，總認為收藏的，不外乎是商周時代的發綠青銅器鼎之類的。但這次卻超乎意料之外的大開了眼界，透過陳顧問永安的引領，得窺該院的鎮院之寶—三件無價的文物。更感榮幸的是，該院常務副院長徐湖平〈實際院長〉為接待本團，特從三峽趕回，熱忱感人，他如數家珍的介紹三件國寶出土後，到院收藏的艱苦歷程。

金獸—造型為伏豹狀，重達九公斤，金光閃閃，豹面溫和，人見人愛，是目前大陸出土古代金鑄器中最重的一件。金豹的底座空凹，內部有小篆「黃六」二字，專家們依據字體判斷為戰國晚期至西漢早期所鑄。我特意要求不戴手套，雙手撫摸留影，也沾點寶氣。

錯金銀重絡壺，高二十四公分，是大陸獨一無二的古器物，壺身係立體鏤空網套，由起伏蜷曲的長龍和交錯排列的數百只梅花釘套扣環接組成，真是精美絕倫，令人讚嘆，先民何其智慧巧思！壺身且有銘文，記載齊宣王五年〈西元前三一五年〉，齊國興兵征伐燕國，齊將陳璋攻下燕都的事件，極具歷史考證價值。

在銅壺中同時出土的，還有重達十一公斤的「郢爰」，馬蹄金，金餅等黃金貨幣三十餘枚。據徐副院長解釋，「郢爰」也是一種貨幣，使用時用剪子絞下一塊印文當作貨幣使用，據文獻記載，「郢爰」僅有楚地使用過，有一塊重達六百一十公克，也是目前世界上最古老最大的黃金貨幣，真是民族的驕傲啊！這批國寶，是一九八二年人民公社年代，盱眙縣移店公社南窯一位萬姓青年，從公社的水溝挖出來的。隱藏了一陣子，又喧騰了一陣子，中央人民銀行與博物館院又爭奪了一陣，最後終於落戶在南京博物院。

有文友發問：如此精美貴重的一批珍寶，為何會如此草率地埋藏呢？徐副院長解釋：徐匯一帶，自古就是兵家必爭之地，可能是因為戰爭，還是其他災難，主人把這些東西埋在他認為安全的地方，也許主人在災難中亡故，也許主人回頭來找不到埋寶藏的地方吧！這是個千古之謎，就如同一篇沒有結果的小說，它的結果在個人的假想中，比知道原因更美。

整個下午，沈浸在古文物的光輝中，而欲罷不能，工作人員為我們加班，真是一餐醉人的文化饗宴。

千佛洞

廿八日上午的行程，是遊覽千佛洞。在大陸的千佛洞實在是太多了，今天要看的千佛洞，原來是聞名棲霞山古寺後山的石彫。

棲霞寺位於南京，東北相距廿餘公里，它是南京地區的風景名勝區，也是佛教界的重地。自南朝時起，它就聞名天下了，然而它歷經千年滄桑已頹廢不堪，加上文化大革命的摧殘，真是雪上加霜、火上加油。踏入寺內，四處一片狼籍，原來正在趕工修復中。在大雄寶殿，他們將原有的石板挖起，鋪上現代化的大理石，把那份古樸破壞無遺，令人倒盡味口，實在不應該！

寺的主建築為：大雄寶殿、昆盧殿、藏經樓。唐代的石造舍利塔、千佛崖、白乳泉，後山石峰嶙峋，樹木扶疏，在此靜坐的石彫諸佛，似在向人說法。寺內有間過海大師堂，在紀念唐代鑒真和尚，它於一九六三年設立。據史料記載，唐代高僧於天寶七年〈七八四年〉，第五次東渡日本時迷航到海南島，在他發現北返時途經江寧，經他的弟子迎進至棲霞寺小住三日後，返回揚州大明寺。堂內正中供奉鑒真和尚的脫紗塑相，是日本奈良招提寺八十一代森木孝順老和尚親自塑造的，以紀念鑒真圓寂一千二百週年，鑒真和尚是日本佛教傳入者，飲水思源，深具意義。

玉佛樓於一九八七年復建，樓正中供一尊結伽趴座的玉佛，是高雄佛光山星雲大師奉獻的，特別引人注目。棲霞寺，目前也是中國佛學院的分院，年輕的沙彌穿梭寺中，予古老的寺添一份朝氣。寺的藏經非常豐富，計有八百餘冊，其中最珍貴的是「貝葉經」，它是在一種多羅的樹上烙印梵文，相傳是唐僧當年西天取經時帶回的，彌足珍貴。另外還有一本血書，是清朝末年一位女信徒滴血抄寫的，我想這種舉動大多與還願有關吧！

有關寺後的千佛洞，原不是洞，而只是石壁上的雕刻，造型與其他各地的並無顯著的不同。名取千佛，多少有點誇大其詞。地陪小姐特別介紹最後一龕的彫像，是彫工自己；傳說最後一尊老是刻不好，一氣之下，彫匠自跳入龕內，頓時成佛。我想，成佛的條件既如此簡單，那遍地皆佛了。這尊佛像一手持鎚一手持鑿，可惜腦袋被砍了，纏上了一塊紅布條，聽說它是最美的一尊。我想只因為美，所以被收藏，禍福在一線之間耳！

棲霞山的楓紅，與北京的西山香山齊名，每年深秋紅似二月花的楓葉，讓人賞心悅目，也是騷人墨客吟哦的題材。可惜來得太早，不能恭逢其盛；而仰望滿山綠楓，冥想楓紅的情景，神遊神賞一番，也算遂了心願。棲霞寺保存最早的一首詠棲霞山的詩，是南朝陳後主陳叔寶，與其寵臣尚書令洪總同遊棲時所吟的五言詩：

時宰磻溪心，非關狎竹林。
鷲岳青松繞，鳩峰白日沈。
天回浮雲細，山空明月深。
摧殘枯樹影，零落古籐陰。
霜村夜鳥去，風路寒猿吟。
自悲堪出俗，謳是欲抽簪。

歷代詠棲霞寺篇計有唐李白、皮日休、宋曾極、明焦竑、袁宏道、葉向高、清王士禎、袁枚、蔣士銓、姚鼐、林則徐，還有愛題詩的愛新覺羅弘曆。乾隆皇帝，他六次南巡，就有五次駐蹕棲霞山，據史料記載，他一生所作的詩共有四萬二千五百五十首，詠棲霞山就有百首之多，且錄他的一首「駐蹕棲霞行宮」：

建業路猶西，棲霞適可棲。
聲名冠白下，樹木見蕭齊。
一窗誠多費，諸事率入題。
山房春雨足，頗望霽光霙。

參觀侵華日軍大屠殺遇難同胞紀念館

儘管「南京大屠殺」這件慘絕人寰的慘案發生到現在快一個甲子了（按發生在民國二十年十二月十三日至次年一月），但民族之慟仍然未止。紀念館的大門，白色大理石上刻著「遇難者 VICTIMS，300000」，斗大的，更令人悲傷的黑字。進入大門正中，便是一座彫塑，三柱示三十萬遇難的同胞，上的圓型五環，寓意中華五族。館前地上一個表情痛苦的人頭，通道從胸前通過，左側一隻掙扎抓地的手臂，進門的左側，有位慈母尋子的鉅像，她右手緊握拳頭，左手指著遠方，那種錯愕緊張惶恐的表情，道盡天下慈母的心腸。左側萬人塚白骨如山，新近在塚上端，又挖掘一塚，白骨成堆，暫時用帆布棚遮蓋住。

紀念館內，陳列各種殺人的殘暴的畫面，殺害同胞已經鏽蝕的武士刀，還有兩條殘暴的野獸：向井與田野的放大照相，他們分居殺頭比賽的冠亞軍；向井的一百零五顆，田野的一百零六顆。它的背景，就是當時日本報紙現況報導的原版放大，館內一片肅穆，很多人在啜泣，也有嘆吁的。

紀念館內有座德國人約翰拉貝的白色塑像，他是當時南京國際委員會的負責人，他把當時的紀錄「拉貝日記」，獻給了紀念館。日記已在紐約公佈，曾引起世人的重視。在他的塑像後面，有兩句他的名言：「可以寬恕，但不要忘記。」先總統蔣公，他以宗教家的胸懷「以德報怨」的寬恕了日本，但日本鬼子不但忘了，還要歪曲掩飾其民族的暴行，把「侵略」改成「進出」，主政者還公然去靖國神社祭拜劊子手，忘了中國人的痛。但日本對一九四五年美國原子彈轟炸長崎廣島的事，卻牢記在心；每年都大張旗鼓的在紀念、哭泣，到今天還不承認自己是和平劊子手，不為自己的錯誤認錯贖罪。我們台灣人似乎也患了同樣的健忘症，把光復這件抗戰八年，八千萬人生命換來的事，忘得一乾二淨。這得「歸功」於我們台灣偉大的政客，他們否定了宗室民族國家，這也是目前台灣社會層出不窮「不倫」現象的主因。

我們在南京下榻的「狀元樓酒店」是三星級的，是一棟中西合壁的建築，位於著名的夫子廟鬧區。聽曾人口老師說：酒樓因這塊招牌而有名，它是康有為一位九十多高齡的女弟子蕭嫻的手筆，蒼勁有力。

晚宴由江蘇省作協作東，特意安排在秦淮河畔頗富盛名的「晚晴樓」。這裡中共國家主席江澤民來過，大廳的牆壁上掛有他不算太好的題字：「十里秦淮千年流淌，六朝勝地今更輝煌。」為該樓增光不少，座上客滿，生意興隆。

晚宴的菜單，是純粹的秦淮小點，個人份的，一小碟小碟的，比日本料理還要日本，小得不像樣。每一道菜上桌，不消十秒就全部精光，但到十道之後，吃的速度就遲緩了，慢慢的就得看個人胃腸的功力，最後幾道更是乏人問津。個個酒足飯飽之餘，在大廳與作協的朋友合影留念。後知後覺的老板，得知座上是兩岸的作家，便要求送他一張作紀念。夜遊秦淮河，原是很風雅浪漫的事，也是詩人們的憧憬，而事實上卻是很沒詩意的。一艘半古不新的遊艇，撐篙在五光十彩倒映的河中，往返不到半小時，那股臭味如同高雄當年的愛河；只是兩岸的夜市燈光，照亮了沉在河底污泥中的六朝金粉，八大名妓的艷幟，讓風流的男士們嚮往。

遊罷登岸，沿著河在人潮中徜徉，忽有一排當年被視為資產階級剝削的人力車，車夫穿著黃色的馬褂，衝刺而來，他們正是專政的無產階級，這大概就是中國社會主義的特色吧！朱雀橋上，燈火輝煌，原來是台商打廣告，橋畔李香君的故居霓虹燈閃爍著，雖人去樓空，似乎還聞得到脂粉香，聽得到優雅而搖人心津的琴聲。這裡曾是銷金窟溫柔鄉，上演王孫公子腰纏萬貫的風流倜儻，床頭金盡的落魄狼狽。對著朱雀橋那棟舊墻黑瓦的平房，便是有名王謝故居，右手便是艷窟「烏衣巷」，在此不由人唸起劉禹錫這首詩：

朱雀橋邊野草花，烏衣巷口夕陽斜。
舊時王謝堂前燕，飛入尋常百姓家。

真是富貴浮雲，過眼雲煙。不知何時開始，「夫子廟」，似乎就是風化區的代名詞，一如當年台北的寶斗里，台南的康樂街一樣，沿河逛了一圈，卻不見夫子廟的蹤影，詢問一下，原來是在棚子的後面。那兒黑漆漆的，聽說現在是公家的倉庫，批孔揚秦之後，似乎在六朝古都還沒有平反，真是侮辱斯文啊！

遊揚州八怪紀念館

廿九日上午八時許，乘旅行車去揚州，經過南京大橋。地陪說：這座橋是新中國的驕傲，它全部由國人設計施工，且全用國產材料，的確值得驕傲，因它建立了民族的自信。沿途我細心觀察農村，它的景觀是典型的江南風光，在翠綠中襯托著白墻灰瓦翹檐的微式建築，如畫如詩，與北方的樸實平板大異其趣。從住屋的風格，亦可窺見居民的性格了。

十一時抵達揚州，參觀慕名已久的八怪紀念館。孤陋寡聞的我，原以為八怪是八位書法界的大怪人，如電影電視演出最多的風流才子唐伯虎，視錢如命的大近視祝枝山而已。經導覽的小姐介紹，方知所謂八怪，是流行在大清中葉的一個繪畫流派，他們的畫風是開放的，不拘泥的，對中國後期的畫家思想影響至深。

所謂揚州八怪，有的不是揚州人，因長期住在揚州或經常往來揚州，因此他們這些人的詩與畫都與揚州有關，揚州孕育了他們，他們也輝煌了揚州的文化。

八怪除了經常提起的金農、李衍、鄭燮、黃順、李方膺、汪士慎、羅聘等八名外，還有高鳳翰、華嵒、李勉、邊壽也包括在內，一共十二怪才對，就是沒有唐伯虎、祝枝山。

八怪紀念館，是棟普通的平房，正廳就是他們十二怪石彫立像，好像是正在開會研討畫風詩作，那種飄逸的神情，令後人欽羨。紀念館的正門有幅楹聯：

五百年來得名世，
一彈指項定訏謨。

後面署名「板橋・鄭」。我曾端坐在他的客廳，默祈他老人家賜點詩感，閉上眼睛冥思，腦海紋風不動半絲波瀾，只好拍張照作紀念了，謹錄他「平山棠集詩」中一首，以記此行：

閒雲拍拍水悠悠，樹繞春城燕繞樓。
買盡胭花消盡恨，風流無奈是揚州。

瘦西湖

「風流無奈是揚州」，難怪乾隆六次下揚州。揚州實在是尋幽訪勝的好地方，人文薈粹，佳景天成，處處令人心曠神怡。揚州也是高雄市文協理事長兼訪問團長周嘯虹的故鄉，順便拜望他九三高齡的老母，可說是溫馨之旅。

中午由周理事長請吃揚州小點。包子席，有甜有鹹，餡有山珍海味，外觀手藝精巧，內容味道可口，可作茶點，又可當主食，非常方便。大快朵頤之後，紛紛去「御碼頭」拍照，也想沾點皇氣，踩一踩乾隆的腳印，也想一想當年碼頭官蓋雲集的風光。

西湖的大小，在詩人眼裡轉化為肥與瘦，讓人顧名思義，就非常的有詩意了；假若叫它小西湖，那就是散文了。一進門那「瘦西湖」三個不太瘦的綠色大字，牽引遊人的是一片綠，綠楊、綠水、綠草，遠處的綠山，綠得讓人心醉。對對情侶，撐著化陽傘，款款的在湖中寫情詩，寫天長地久！

瘦西湖的湖標，是五亭橋。觀賞五亭橋的最佳位置是在湖畔的釣魚台，所謂台非台，只是座古色古香的小亭，亭中擠滿了拍照留念的人，只好苦等了七分鐘，只為要以亭的圓洞作前景，還蠻不錯的〈月圓時在橋洞中，可以看十五個月亮的奇景〉。此地宜邀三五好友，整日盤桓，慢慢欣賞，如此驚鴻一瞥，匆匆來去，實在辜負了瘦西湖的美景，也有虛此行了。

告別了瘦西湖，在熙春園上岸，棲靈塔高高的撐住漫天陰沈。塔是新建立，於瘦西湖有畫龍點睛之妙。右側是大明寺，提起此寺大大的有名，就是唐代高僧鑑真和尚掛單的地方，這兒設有他的紀念館。他將佛教傳入日本，功不可滅，那種飄洋過海頂浪的艱苦，不亞於當年三藏赴西天取經的精神。但個人懷疑，佛佗在日本是否忘掉了慈悲，不然日本軍閥何以殘暴如此，以殺人為樂，中國人何辜？

乘原車回狀元樓酒店，秦淮河已是萬家燈火，林立的攤販，熙攘的人潮又掀開秦淮的初夜。晚餐罷，偕同濟川兄再度巡禮一番，拍幾張河中五彩燈光閃爍的夜景，以供日後回味回味，「今宵離別後，何日君再來」呢！

卅日乘京滬鐵路上午八點五十的快車赴杭州，因特快沒有行李車，我們的行李已經提前一天託運。車廂是上下兩層的，四位對坐，中間有一小桌，座位寬敞舒適。瀏覽窗外，覺江南風光不亞歐洲，尤其路傍那排路樹，每株都筆直的，蔥翠欲滴，整齊壯觀，綿延數百里，真是大開眼界。很好奇問杭州的地陪曹先生，那是什麼樹？他說：樹名叫水杉，是國寶樹，也是活化石，為何叫活化石，他也說不出個所以然。

杭州行

所謂：上有天堂，下有蘇杭。天堂什麼樣？都是沒去過的人猜想描繪的，但去過的人又無法描寫，因此從小對蘇杭就很嚮往。當下榻杭州灣大酒店，心中有種莫名快感，因為多年的夢已經成為現實，當漫步蘇堤，我瞪大眼睛在尋找東坡先生的詩，但都被如過江之鯽的遊人的俗腳踩碎了。放眼不是天堂似的風景，而是鑽動的萬頭，連湖中的魚也不耐人們的吵雜，紛紛跳出水面抗議環境的污染。

從蘇堤上遊艇，到三潭印月止，約半小時，深深的感到見面不如聞名，因為前有白居易，後有蘇東坡兩位大詩人在此地任太守，人傑而後湖名，自唐至今千古文人雅士的附會吟詠渲染，不名也難。我想高雄縣如能選位大詩人當縣長，每年舉辦澄清詠湖世界詩人大會，假以時日，也會名噪寰宇，不讓西湖專美的。

岳王廟

岳王廟，是供奉宋代忠臣岳飛的廟，也是遊西湖的人必遊的景點，因為人人崇敬忠臣。廟前一幅楹聯，是耳熟能詳的滿江紅上的名句：

三十功名塵與土，
八千里路雲和月。

正殿一幅：

正邪自古同冰炭，
毀譽如今判真偽。

還有一幅：

青山有幸埋忠骨，
白鐵無辜鑄佞臣。

奸臣秦檜夫妻的鑄像長跪殿前，任人唾棄痛咒，他的罪孽千古難贖，秦檜用他的奸，高宗趙構用他一時的昏，寫就了岳飛萬世不朽的忠。正如文天祥的正氣歌中所言：

人生自古誰無死，
留取丹心照汗青。

俎豆千秋，岳將軍死而無憾矣！

慕才亭

在湖畔一座橋邊，有座亭，名為慕才亭，旁邊一塊新立的碑文，乃南宋時湄州刺史鮑仁和，為紀念蘇小小，根據她生前的意願，在此築墳。據地陪說：小小在此泛舟遊湖時，偶遇一窮困書生，令她愛慕傾心，贈銀濟助他上京赴考，情人未歸卻至死不渝的事。亭上也有幅對聯：

湖山此地曾埋玉，風月何其可鑄金。

她也寫下一首〈同心歌〉

妾乘油壁車，郎跨青聰馬，何處結同心，西陵松柏下。

誰說風月場中無真情呢？

西湖天下景

西湖是江南名勝，勿宜說它是自古名詩名聯展示場，就以孤山上，西湖天下景這座亭上的疊字對聯，實賣弄才華到了家：

水水山山處處明明秀秀，
晴晴雨雨時時好好奇奇。

這幅天下傳誦的名聯，你倒轉唸對仗一樣的工整，不失原意，僅僅十個字把西湖風景描繪得入木三分，令人嘆服，欣賞良久。

不孤的孤山

西湖有三怪：就是「斷橋不斷腸亦斷」、「路不長情義長」、「孤山不孤人心孤」，其實斷橋是個形容詞罷了。一座圓型拱橋在白堤上，遊人如織何斷之有？

斷腸那是個人的事，與橋何干？路不長情義長，情義與路也是無關連的，孤山在西湖的家族中，它是不孤的。因為它就是聞名遐爾的西冷印社，一群酷愛金石的名人雅士，經常在山上集聚，飲酒詠詩，品評各方各家之金石傑作。頗負盛名的西湖天下景，也是在孤山上，以散文的眼光來欣賞孤山，實在名實不符。據傳說：宋林甫曾在山中隱居，植梅養鶴，不娶妻生子，人稱梅妻鶴子，他是看破紅塵，他是孤高，山更不孤了。

三潭印月

三潭印月，顧名思義，原以為是三個小潭倒映圓月，但親歷其境，才恍然大悟。所謂三潭，並不是三個水潭，而是三個石彫形似罈在湖中，每罈相距約二三十公尺呈三角點，罈身鏤成四方空圓，利用每年中秋月亮經緯度，可以欣賞到月的奇景。據說今年中秋，李鍾桂女士曾率兩百位青年，中秋夜在此與大陸青年交流，是美事一樁，我想澄清湖何嘗不可以三潭印月？

靈隱寺

靈隱寺，是我們遊西湖的一個句點。匆匆忙忙趕在下午四點十五分前抵達寺門口，因四點半就下班關門不賣票了，中共的各國營事業機構就是如此「守時」，參觀的人之多，用「途為之塞」，亦不足以形容它的盛況。好不容易擠進了山門，大夥兒如釋重負，其實擠的景況未變唉！，參觀的人何以如此「茂盛」？是因為那酒肉和尚—濟顛太有名了吧！「和尚傑而寺名」，濟顛在台灣比在西湖還要紅，他不但是六合彩明牌的指導老師，更是電視劇演不完的主角，且收視率特高，而物以類聚，台灣人都在瘋顛啊！

靈隱寺的神話傳說，正如寺前的冷泉，千年流不盡，且愈加激盪，以下是有關飛來峰的傳說：

某年某月的某一天，濟顛和尚酒醉肉飽之後，欲在石洞中的石床上大睡，忽然心血來潮掐指一算，唉啊！不得了，一座石山正從天竺飛奔而來，眼看全村的人即將遭殃了。說時遲，那時快，他馭風而往，村中適有人舉行結婚典禮，全村的人都在祝賀。他沒有時間來解釋，揹著新娘飛跑，眾人見和尚如此撒野，大家不由分說，爭先恐後的追了上去，和尚回頭一看不好了，有位年邁的婆婆，行動不便，沒有追上來，眼看就要被飛來峰壓住，當山峰快壓下的剎那，濟顛和尚轉身一掌，把山峰推走，救了老婆婆一命，也保住了全村人的身家性命。不信的話，請去靈隱寺飛來峰看那隻碩大而清晰的右手掌印，它深深的烙在石壁上，唯妙唯肖，讓人感到如真似幻。

擠出寺外，眼觀冷泉流水悠悠，流來的是險惡人心，流去的是仁愛胸懷。

大陸正流行觀光用的和尚尼姑，台灣正流行戴價值不菲的天珠，何不多讀幾遍靈隱寺中的這幅楹聯：

立定腳跟背後山頭飛不去，
執手持印眼前佛面即如來。

香港赤鱲角機場

今年七月才啟用的香港國際機場，它的造價是一千六百八十二億港元，佔地一千二百四十八公頃，八十個登機閘口，可以用一望無際來形容。它的建築形式是半圓的鋼鐵棚架，利用棚與棚之間高低差距，做成透明的天窗，使得室內的光線充足，可節省照明能源，它的設計是世界一流的，但海關人員的態度，卻是三流的，有的人說還不錯，大概我「遇人不淑」吧！香港的主權回歸了，但願所有公職人員腦中的殖民思想，未留下來作紀念！

我在候機的時候，問免稅店的老闆，新機場叫什麼名字?他說是：「香港國際機場」，剛好羅秘書長在旁更正，說是「香港赤鱲角機場」。「赤鱲角」原是香港西南方的一個小島，有一小部份平地，大部份是移山填海的；山沒了，但它的名還是保留著，表示還不「數典忘祖」。為了炫耀新機場，將淵源一腳踢走，為此值得一書，而第一次看到如此壯觀雄偉的機場，在中國人的領土上誕生，也有身為中國人的一份驕傲感！

歸來省思

此次為期十天之訪問，地主──「中國作協」，可說計劃周詳，熱忱感人。另外，作協海外聯絡委員范寶慈老師及外聯部秘書韓梅青小姐，還有旅行社的全陪梁艷小姐的全程陪同，照顧無微不至，此行是愉快的，並沒有爾虞我詐的芥蒂。當然，半世紀的隔離，由於政治制度與社會背景的不同，在思想觀念上自然會有差異，這是不爭的事實。交流的目的，就是為了彼此了解溝通五十年的斷橋，彌補五十年的裂痕。

在瀋陽、南京、杭州與當地作家舉行座談，出席者都是有名的國家一級作家及專業作家，他們都是公務員領薪水也賺稿費，但他們的作品，必須為黨為政治服務。台灣的專業作家寥寥可數，雖沒有生活上的保障，但有豐富的自由，想寫什麼，就寫什麼，百無禁忌，這是他們所欠缺的，但他們無關政治的專題研究是卻很有成就的。

中國作協是政府機關，是大陸作家匯集的中心，有會員五千餘人，全是文藝界的佼佼者。各省作協則有會員兩萬餘人，高市文協以對等方式交流，其影響至為深遠！也讓他們感受到來自台灣自由民主文藝的不同氣息。

此行滿載而歸：一袋詩情，一袋風景照片，一袋友情，一袋甜美的回憶。

——八十七年十月七脫稿

旅英雜感

飛往倫敦的空中

古人說「讀萬卷書，行萬里路。」雖然行路不等於讀書，但對見聞之增廣，除了讀書之外，是非旅遊莫屬的！

歐洲之旅，夢寐了好多年，終於成行了，一晚的興奮沒睡好，從高雄到香港降落曼谷一路興奮未減。當飛機從曼谷機場騰空後，自己強迫自己該好好的睡一覺了，安全帶繫住未解，免得空中小姐必要時攪人清夢，但說也奇怪，愈想睡就愈睡不著，瞇著眼，瞄座前的螢幕顯示：高度三萬五千尺，時速九五〇公里，機外溫度零下75度。頓時我睡意全消，這不正是我們中國人所說的廣寒宮嗎？下意識的睜開眼，窗前窗後探頭探腦的張望尋找，鄰座的時老師，莫名所以的問我找什麼？我看有沒有神仙在外面散步？好邀他們進來喝咖啡暖暖身，談談心。他揶揄地用肘碰碰我的左肋說：「你又在發詩瘋了」。雖然沒見著神仙，但窗外的白雲飛奔的向我打招呼，捎來一大堆話，讓我送給倫敦濛濛霧中的萬家燈火。

倫敦塔

第一天的行程，是參觀倫敦塔，它位於泰晤士河畔，諸於國會大廈，大鵬鐘、倫敦鐵橋，都在附近，用300m的長鏡頭，就可以拍到特寫。倫敦塔其實並非塔，只是一座舊皇宮，前面有兩座歌德式的尖頂建築而已。排隊進入，燈光昏暗，陰森森的，是拍靈異片的好場景，牆壁上掛著英國皇帝列祖列宗的彩色畫像，高鼻樑，藍眼珠，看起來差不多的，一律穿著黑色鑲金線花紋的禮服，一張張愁苦的臉在歷史中失去了笑容。成排價值連城的皇冠權杖，好像是與黃金珠寶鑽石過不去，除了這些，還是這些，只是它的大小形狀顏色不同而已。塔前的另一間，展覽形形色色的刑具，尤其那柄砍腦袋的大斧頭，讓人怵目驚心，匆匆離開，使人想到用人民的頭顱來維護皇權，而尊榮卻是百姓血流成河的結晶。

倫敦塔前的大砲

倫敦塔前，展示各式各樣的古砲管，每管都擦拭得晶亮，在強光的照射下，似乎向中國人發出鄙視的眼光，因為它曾在中國海岸所向無敵，它曾把大清皇帝轟離紫金城，它曾使四萬萬五仟萬同胞積弱不振，它不是砲，而是盎格魯族人的彩筆，用他族的血淚傷痛，繪成一幅日不落自大自私的瘋狂偉業！

逛倫敦街

在中國城用過純中國餐之後，天色尚早，夕陽高照，大夥去逛古街，想啟發一點思古之幽情，一方面吃飽喝足之餘也好動一動幫助消化。

街道窄窄的，只容得兩輛馬車行進的寬度，地面是條石鋪成，它似乎是洶湧大英歷史的長河，一間間灰暗的店舖，仍然披著那件古老的外套，對著不再的風光嘆息！前面一位佝僂的紳士，皮鞋擦得亮亮的，一身黑西裝，頭戴禮帽，撐住黑陽傘，拄著杖，一臉傲然，蹣蹣跚跚地，街燈輝煌了他的身影，他還不知是日已落，他還在作盎格撒魯的春夢未醒！如同這條街，廿世紀的文明進步，仍丟不掉十八世紀的包裝，這無異給我們數典忘祖者一帖深思之藥！

大英博物館

大英博物館，是世界收藏豐富的館之一，原因是它在世界日不落的殖民地，有巧取豪奪，明搶暗盜之便，它的豐藏是公理服了強權所致，不像我們的故宮收藏品，除了外邦心甘情願的拍馬屁的貢品之外，全都是中華民族智慧的結晶，它是驕傲的！還沒進館，我就有這種愛國的狹隘的觀念，不知是對是錯？

大英博物館前那排高聳的石柱，就讓人感到它的偉大，進館右邊是圖書館，一進入就令人感到自己的渺小，所謂「學海無涯」、「汗牛充棟」，它詮釋得淋漓盡緻，那古色古香的木書架書櫃從地面矗到高高的頂端，在昏暗的燈光下更襯托出那古老神秘的氣氛！

左邊是埃及館，金光閃閃人面獅身塑相，豎立在門口，許多法老王陪葬的純金面罩等等許多藝術品，陳列了一大間，導遊特別說明，這是埃及當年委託保管的，正如我們的三國時代，劉備借荊州一樣，都是好美的侵占代名詞啊！

進入中國館，偌大的一間儘是藝術精品，尤其門口牆上崁的那幅石彫壁畫，是從石窟中鑿下來的，還有許多栩栩如生的石彫人頭，是硬被砍下來擺在異國亮相，替人賺錢。我感到是一種族的欺凌，一種侮辱，而有些夥伴則認為是一項光榮，更認為他們保管比我們自己保管得更好，更認為假如他們不拿出來，早被軍閥賣掉，石沈大海，永不見天日了！這是個人觀念問題，沒有對與錯！我說：「年輕人要認祖歸宗，老人要落葉歸根啊！」同伴無言以對。

人說要瞭解一個國家的歷史文化，最簡單的捷徑，就是去看他們國家的博物館，此言不差，看了大英博物館之後，予人的感覺是在宣示其優越感，憑藉著船堅砲利，奴役殖民世界的雄風，時至今日，竟然還有所謂大英國協的成員國，在伊利莎白女皇的裙襬下稱臣。香港回歸了，替中國人出了一口百年怨氣，但願不久將來竊自中國的瑰寶藝術品能落葉歸根，認祖歸宗！

西敏寺

遊倫敦，沒去遊西敏寺等於沒去，這話一點沒有誇張，西敏寺位於市中心，宏偉的歌德式建築，尖頂插入雲霄，讓人望之儼儼，不由人心產生一種敬畏之心，自然的相信那位至高的造物主　上帝的存在。建築細膩彫琢華美的外觀，就能使你對祂心悅誠服。進入寺內，廳堂高挑，富麗堂皇，莊嚴肅穆，鴉雀無聲，它營造了天人交會的氣氛，它九百餘年來滄桑見證；多少將相帝皇名臣，在此結婚追悼，地下室有三千餘座墳墓，教堂內曾有三千餘次的光耀尊榮。它固然是　上帝的家，但也是一處人生的舞台；出場退場，有笑有哭，有趾氣高揚，有垂頭喪氣。啟幕落幕，有功有過，有掌聲，有噓聲，高聳入雲的尖塔，卻掛不住冬天的積雪，更撐不住昔日傲人的日不落雄風！

白金漢宮

白金漢宮，是一幢白色的歐式建築，庭前一片紅土，既不富麗，更談不上堂皇，看過故宮的人來看白金漢宮，實在不能相提並論，與法國凡爾賽宮楓丹白露宮，外觀上也是不能相比的。門口兩個御林軍，扛著長長的來福槍，一見到鐵柵外，有遊客攝影的時候，就裝腔作勢的的走幾步正步，像耍猴似的，與沈靜的宮前，添一點生氣。儘管看不上眼，它卻是一條權貴之河，自古到今，淘盡了多少帝王，它曾挾強權淩弱公理。讓米字旗整天都照著太陽，它曾想在香港問題上保護既得利益，當中華人民共和國成立時，第一個承認中共的國家，當然利益是政治延伸，其實國際舞台上演出者是現實，寫劇本的人是無情的政治現實！

倫敦之旅，沒看到山，也沒見到水，可說是純人文之旅，我的心態儘管有些負面，這是沒辦法的事，只有為自己這塊土地痛哭過的，才會有那種切腹之痛的感受吧！

所謂他山之石，可以攻錯。假若旅遊純為風花雪月，那未免太奢侈浪費生命了，一個真正旅遊者，是用生命去觀察去體驗，然後融入生命之中去細嚼！

英國儘管是個破落戶，但它成熟的民主制度，優良的社會秩序，國民的守法精神以及對傳統的熱愛，都是我們值得學習的。

名詩人旅行家余光中教授，他卻為文化之旅，將旅客分為三段：有消費者、觀光客、旅行家。旅行的三段論：展望，體驗，回顧。反觀我們的旅客，以消費者居多，觀光者較少，旅行家更寥寥無幾，更談不到展望體驗與回顧了。路寒袖說：「旅行所追求的，不單是浪漫的邂逅，還包括知性的洗禮，心靈的探險．．．．旅行文學期待它能為我們的生活與文學開拓出另一豐沛的空間。」

我將熱情擁抱旅行文學！

阿里山之旅

有人說「五嶽歸來不看山」，我未登臨五嶽，但阿里山自五十二年起算有五次了，或許有人說，有什麼看頭呢?君不見李白對一座不大起眼敬亭山，不知看了多少次，他總是覺得「相看兩不厭」呢?可見山是看不厭的。佛家的修為，看山不是山，看水不是水，以一個凡夫的眼光，山正如千面女郎，變化多端，何況每次上山時節不同，就是每一時刻的風貌也是不同的，尤以黎明在祝山，看遠方玉山群峰墨黑的剪影，在曙光徵曦中，山嵐從谷底昇起，由淺藍轉灰白，由淡黃變金黃，似波、似濤，翻騰洶湧澎湃，壯闊無垠，日出前那剎那，萬道金光自墨色的峰間迸射而出，觀日的人們，個個目瞪口呆，張口結舌，面對如此壯觀的景觀，只有造物主才有如此神奇手筆，感到自我的空虛渺小，沒有字眼可以形容，只有眾口同聲的一聲「啊!!」，那代表了內心無限的驚奇與感嘆。

當太陽昇起之後，又是另一番氣象，東面灑下一片金粉，西面卻是一片墨綠，縫綣終宵的輕霧，此時尚懶傭傭地纏著群峰不放，等一下又頑皮地把紗巾繞在山峰的頭頂，若隱若現地在玩捉迷藏，又將遠近的樹木襯托得更蒼勁，好像是一幅張大師的潑墨山水。忽而群鴉掠過，「哇!哇!哇!」向你道早安，而引起谷音迴響，身歷其境，塵憂全消，心靈剎那的空靈享受，又非新台幣所能計較。

看完日出之後，不妨沿著石砌曲曲折折的步道，在參天的森林中，盡情地吸收新鮮得帶有甜味的空氣，看遍地開著不知名的小花，聽山澗潺潺的流水，也不妨對著姊妹潭梳梳頭，理理容，重溫那段貞潔感人的故事；也看看三代木它象徵生命的延續不息。飽經二千年風霜洗禮的神木，依然挺拔精神抖擻，它傳承三千年中華道統文化，令人凜然起敬，面對的不再是一棵樹，而是一位聖哲了。

論高度，阿里山僅海拔二二七四公尺，玉山三九九七公尺，兩者相差甚遠，但阿里山的名氣，卻遠在本島各岳之上，原因是它擁有世界上少有的森林鐵路，三千年的偉壯神木，尤其鄧禹平先生那首膾炙人口的「高山青」，幾十年來，把阿里山的青山、綠水，壯如山的少年，美如水的姑娘，唱在每個人的嘴裏，唱在全中國人的心裏，阿里山確實能令人神情牽繫。

祝山觀日之後，又安排眠月線之旅，這條線剛開放觀光不久，從阿里山站經塔山，眠月達石猴，全程約半小時車程。沿途山巒聳翠，千丈深谷，隧道接連，回顧阿里山遙遙在望。抵終點一下車，抬頭一望，嘿！石猴兄穩穩當當的坐在道傍，真有當年齊天大聖大鬧天宮坐在玉皇寶座那付德性，它歪著脖子睇看我們，它心裡在訕笑：一群傻瓜，翻山越嶺的來到阿里山，又花大把銀子坐車送來給我看；我看盡古今，你們實在不夠看。

石猴是瑞里風景線八景之一，它高卅一公尺，寬九公尺，唯妙唯肖，像得沒有話說。聽山莊的一位先生說，我們好福氣，早上看到日出，上午又見到石猴，天氣好的話，站在石猴的脖子上，可以遠眺嘉南平原西螺大橋，可惜當時遠處一片煙漫。只有鍾主任一個人勇敢地攀上猴背，手持拐杖，大有睥睨天下之概。筆者適在百公尺外，睹此意境，不由得用長鏡頭及時框取了一張，雖然是不太理想，也算是雪泥鴻爪吧！

石猴後面的山上，上是枯木下是枯木，除了枯木還是枯木，不過枯木予人另一番感受，好像是剛從春暖花開的江南，一下子走進嚴寒的東北，充滿肅殺，淒涼的氣氛，但陽光的照射下卻有一番陽剛之美，一株株木乃伊似的，在無語問蒼天，又似向人們詮釋一種哲思。按導遊小姐說：枯樹林的形成是火災的結果，可證山林火災禍害之深遠，歪打正著而造就了難得一見的奇特景觀，真不虛此行。

午餐後賦歸，登車前特別叮嚀，不要忘了自己的東西，結果大家還是粗心大意的把憂愁煩惱留在山上。

墾丁之旅

一把頂好的弓，用過之後，要馬上將弦鬆掉，不然張力全失。一部鋼鐵製成的機器，常年使用，不予擦拭保養，也會產生金屬疲勞。人們長期在繁忙的工作中，心情緊張，心身若無適當的調適，容易心力交瘁。

這次墾丁之旅，不知是老天的垂憐？還是氣象局失算，天氣居然出奇的好，秋高氣爽，萬里無雲。從都市奔向郊外，也從漫天混沌，看到久違的藍天白雲，車輛奔馳在寬敞的屏鵝公路上，左面是黛綠含煙的群山，右面是浩瀚無垠的碧海，急速的掠過車窗，十一點就抵達第一站，佳樂水。

佳樂水，瀕臨太平洋，背山面海，是由奇特的珊瑚礁及風化石形成的特有景觀，礁石上各種似經過精心設計的圖案花紋，莫不令人嘆服海神大師永恆的手筆。佇立岩上，細心觀賞陣陣排空而來的白浪，轟轟隆隆的吼聲，似在向人們炫耀它的傑作。也在告訴人們，佳樂水的石刻巨作，就是這雙柔柔的手一波一浪鏤刻而成的。人在它面前只不過是蜉蝣罷了，朋友！你還有什麼想不透的憂愁煩惱嗎？何不學學海洋的胸襟，浪花的灑脫呢！

回頭時，經一處沙灘，若非同仁指點，真不知這就是鼎鼎大名的風吹沙，此地在攝影界曾拍出無數的佳作，為慕名特停車十分鐘，大家紛紛下車，想一睹她的風采。據說自公路開通後，因將沙灘與高處的沙坵攔腰斬斷，以致沙灘依舊，海水依然，但那粼粼沙浪、沙坵聚散無常的奇景，已成陳跡矣！令人嘆惋！在建設中應以維護原有景觀為重，不然我們的子孫將一無所有了。在車上用飯盒的時間，便抵達第二站，貓鼻頭。

貓鼻頭的奇叢怪石，遠勝佳樂水，可以說佳樂水是海神的浮雕，而貓鼻頭卻是立體的鏤刻。它將一處數十公尺高的礁岸，鏤成無數的藝術精品。平坦部份千形百狀的凹洞，似仙女們跳過狄斯可之後的舞池所留下的足印，個個滿儲澈清的海水，在斜陽照射下，形成數以千計的斜陽，耀眼生輝。面對鏤刻後的嶙峋峭壁，欣賞它的巧藝、浩大，那敦煌、莫高、雲崗的石窟又能算什麼？

眼看烈日西斜，原定第二梯次的人員，四點鐘在此地會合，再往關山觀台灣八景之一的落日，但左等右等未見人影，眼見紅日已掛樹梢，真是急煞人也，有朋友適時驅車而來，附近攤販說，此時趕去關山還看得到落日。說時遲那時快，與志文跨上他的座車，加足馬力，左拐右彎，真似「夸父追日」。心中又構想用長鏡頭框住血紅的落日，再配上一葉歸帆漁舟，從日面劃過作前景，該是多美的畫面，但事與願違，待抵達後，只見紅日在黑色的雲層中，恰似一個烤焦的燒餅，說多難看就多難看，連拿相機的興趣都沒有了，唉！緣慳一面，奈何！

於夜幕低垂下抵達「恒春警光宿舍」。房間原本是不夠住的，大概也是怕寒流的關係，被退掉了四間，真歪打正看，恰到好處，不必縈營了。待分配妥當，大伙兒就在宿舍後面停車場七手八腳的烹調晚餐，費了九牛二虎之力，肉燥米粉，菠菜蛋花湯總算進口了，一致讚許「真好吃！味道棒！」這時我想起一則故事：聽說朱元璋當年在戎馬倥惚中，飢腸轆轆的喝了一碗小米粥，直誇是人間聖品。但到他登上皇位後，每餐山珍海味之餘，忽而想到當年的小米粥，於是一道聖旨下去，命原來那位燒粥的老婦再煮了一鍋。但吃進嘴裡，隨吐出來。大發雷霆說：「這種東西怎能下嚥，一定是弄錯了！」侍臣即時進言：「粥還是原來的粥，只是皇上當時飢餓的關係。」今晚的米粉好吃，大概也是和朱元璋當年喝粥的情形一樣吧！不過沒有露營，總算也沾上一點埋鍋造飯的軍營生活味道。

一宵無語，於凌晨四點半微曦中走到「凱撒飯店」前海灘做外丹功，也觀賞一波波海浪衝上沙灘形成朵朵白色的浪花，忽大忽小，忽左忽右，真像海龍王的嬪妃們跳土風舞掀起的裙擺。頗有節奏的浪聲，時而高亢，時而低沉，似在朗誦「海之頌」，又似在詮釋海的永恒。

早餐過後，踩著金色的陽光去逛青蛙石，這一帶是海神彫刻的精品，尤其是那座鬼斧神工的鏤空屏風，圖案似龍似鳳，在旭日的反照下，有極佳的剪影效果，令人駐足良久。

此區沿岸海藻甚多，在齒牙交錯的黑色礁石上，上一層翠綠的海藻更鑲上海浪的白色花邊，美極了！由於藻類的繁茂，也是豐富的魚場。只見釣友，裝備齊全，手持釣竿，架勢十足，左拋右甩，但釣到的還沒有化去的魚餌多，餵魚何嘗不是種樂趣呢！

走出海洋，進入青年活動中心，那一系列的中國古老式三合院建築，無形中把我們的意念引到睽違多年的老家。石磨、手搖風車、牛車、長條板凳，擺設其中，加上每個庭院不同的造景，處處顯得古典雅緻。在藍天白雲的襯托下，鴿群翱翔，孩了們在庭院追逐嬉戲，形成一幅溫馨和諧的畫面。我想現代人性暴躁，大概是住鴿子籠式的大廈關係吧！

午餐後即抵達墾丁國家公園，只見停車場擺得滿滿的，可證它的吸引力。據查考「墾丁」之名，係由於在清光緒三年，招撫局自廣東潮州募集壯丁前來墾荒而故名「墾丁」。

墾丁是森林試驗場，面積達六百公頃，尚不包括新闢的社頂公園在內。園內除少數幾處人工造景之外，其他盡是奇特的樹木，珊瑚礁所形成的奇特的景觀。所謂：「會看的看門道，不會的看熱鬧。」放眼園內，盡是樹木，什麼闊葉針葉，寒帶林溫帶林什麼科什麼目，在外行人看起來都差不多。但強烈的陽光，經樹葉篩成點點滴滴，漫步林蔭小徑，一片沁涼。遊人接踵，匆匆擦肩而過，似乎在趕廟會趕集，看不到那份閒情逸緻，他們還以為是在逛台北西門町。園內有名景緻：一線天是地震輕揮巨斧的傑作，在巖石中所闢開的一線峽谷，雄偉而壯觀。棲猿崖，高數十丈，唯有猿猴飛鳥可棲，想當年必然是群猴棲息之所，現在連伯勞鳥都不敢棲了。棲猿崖，已成歷史名詞，僅供人憑吊罷了。造形藝術的雨傘亭，築於高聳峭頂，登臨其上，附近景觀盡收眼底。在垂榕小憩是一大享受，仰望又粗又直的榕樹根自崖頂垂直而下，榕樹又生長在一無寸土的岩石上，而生育成長碩壯，顯示出它堅韌無比的生命力。進入迷宮林，由林木藤蔓交錯，小徑又方位不定，予人入迷的感受，不過只是短短五、六分鐘路程而已，還不致迷失人生的方向。

至觀海樓，一時想起王之渙的那首「登鸛雀樓」：

白日依山盡，黃河入海流，欲窮千里目，更上一層樓。

觀海樓樓高二十七公尺，乘電梯而上，遠眺鵝鑾鼻、太平洋、巴士海峽、台灣海峽、中央山脈視界無垠，令人心胸寬廣，精神振奮。因時間尚早，不忍辜負這美好的天氣，再度造訪關山落日，候駕良久，又未如願，這是墾丁之旅的唯一遺憾，也許是老天爺有意留一手，讓你牽腸掛肚的忘不了，要你下次再來吧！

武陵遊

有幸拜訪聞名的—武陵農場，心中有莫名的喜悅。當車輛進入山區後，蜿蜒的山路在青山綠水間，帶有甜味的空氣，令人精神振奮、心曠神怡。循大甲溪流而上，一路上有天輪、谷關、青山、德基四座發電廠，也就是說一滴水用四次。黨國元老于右任先生，用水很有學問，早晨起床，打一盆水先洗臉、再洗腳、再澆花，成為美談，電力公司可能也是來自于老用水的美德吧！進入梨山，周圍儘是一望無際的果園，平坦的枝椏，舒坦的躺在架子上，纍纍結實，在陽光照射下，金光閃閃，非常好看。星羅棋佈的農舍，點綴在翠綠中，在在顯出一片安詳寧謐，如置身歐洲，美不勝收。果農一剷一鋤，在硬石中闢出這片阡陌縱橫的世外桃源，淚水汗珠釀成又香又甜的蘋果水蜜桃，智慧心力培植又青又脆的高麗菜，造福社會人群。車輛在斜陽下劃過農場的中央，同仁們探頭窗外，不時的「啊！啊！」，是讚佩，也是敬意。

到武陵橋，便捨車步行，往桃山觀賞頗負盛名的「煙聲」瀑布，路程約五公里，都是之字形的上坡路。沿途景觀奇特，武陵農場盡收眼底。夕陽反照山峰，明暗強烈對比；幾株蒼松挺拔在薄霧中；白木禿著枝椏在翠綠中詮釋孤獨；如詩如畫的山崖，嶙嶙峋峋的在敘述亙古。滿頭汗珠被勝境拭乾，辛勞也被新鮮的微風掠走，迺聞瀑聲，愈加精神振作，加快腳步。

「煙聲瀑布」原名「桃山瀑布」，位於桃山之腰，高約五十公尺，水源充沛，從半空一瀉而下，氣勢非常雄偉。論景觀寫意，台灣其他瀑布無出其右者，趙桓惕先生在瀑布右壁題「煙聲」二字，隸書如蒼松之有勁。先總統蔣公則稱之為「隱瀑」。瀑布群山環繞，景緻秀麗，坐在亭內小憩，聽飛瀑轟轟，水花似雨似霧，讓人有超塵脫俗之感，儘管把愁付託煙雲吧！，雖流連忘返，但景色無限好，只是近黃昏，大伙兒留影後，在暮色中踏上歸途，抵賓館已是華燈初上了。

我覺得有武思榮鄉長在的場合，一定不會寂寞冷場，他那一口標準的湖南國語，能語震四座。我們一進賓館未卸行囊就被老同志武陵農場的場長拉去喝酒了，聽大家無拘無束的言談，無顧無忌的笑罵，那種坦誠、豪情、融諧，只有在「穿草鞋」的朋友中偶可窺見，也只因有崇高的革命情感，才不致因時間、名位、貧富而變化，卻歷久而彌新。當然場長的喉嚨比酒杯大，說的話比喝的酒多，我們大伙禿子跟著月亮走，場長奉送每桌一道又香又辣的湖南臘肉。進入睡鄉，濛懂間魂飛到陶淵明的「桃花源」：

芳草鮮美，落英繽紛，阡陌交錯，雞犬相聞，更有黃髮，垂髫的武陵人，個個怡然自樂。他們先世為避秦時亂，率妻子邑人來此絕境，不復出焉，遂與外人間隔，問今是何世，不知有漢，無論魏、晉。

醒來，思量武陵農場恰似桃花源，整個台灣又何嘗不是桃花源呢？安定和諧，豐衣足食，所不同的我們不是武陵人，因為他們是遁世的，是消極的，自閉於桃花源，享受安樂而放棄抗秦的大任。而我們一千八百萬同胞為抗暴來此絕境孤島，四十年的生聚教訓，無不為子孫創造千秋萬世的自由幸福為己任，耳旁溪流潺潺，將永遠向人們訴說榮民這段開天闢地的故事。

天未破曉，便起床活動，順便獵取鏡頭，忽而烏鴉叫鳴，好像是叫人起床，一位榮民好意告訴我，那是兩隻白烏鴉。人說「天下烏鴉一般黑」，可證凡事都有變數，不能一概而論，更不可以偏概全。

愉快的武陵遊，在萬家燈火中個個滿載而歸，那是滿腔的新鮮空氣，梨山的水蜜桃、水梨、蘋果，還有包心菜，真不虛此行！

荷之訪

畢竟西湖六月中，
風光不與四時同。
接天蓮葉無窮碧，
映日荷花別樣紅。

這是蘇東坡任杭州太守時，夏天賞荷時描寫荷花盛況的一首詩。你似乎已聞到荷花的清香，接天的碧綠，映日的嫣紅，那股清高的氣氛，如晤賢者。如能洗滌一身的塵俗，無怪佛教徒稱佛座的「蓮座」，只有蓮花才有這份高雅的氣質，只有蓮花才有這份禪的意味！

我愛荷花，並不是自命如荷花出污泥而不染的清高，如騷人墨客的風雅，實在荷花會叫你醉心忘我，它好像是種啟示，教你參悟。

只要有時間，我最愛去訪荷，在池畔會呆上老半天，以高雄地區來說，賞荷的地點自然是澄清湖的荷池，它以寬廣的「無窮碧」取勝，但要欣賞荷花就不甚理想，因為旅客缺乏公德心，靠池邊的荷花大多採折殆盡，慘不忍睹，池中的因距離遙遠，除非用望遠鏡，看起來就沒有那份真切感了。同時環境喧囂，會與不起那份雅興，以攝影來說，更是鞭長莫及，用長鏡頭也不容易找到一朵適合的，所以澄清湖的荷池，只適宜散步走馬看花，不宜靜下來欣賞。

我認為一處最宜欣賞的荷池，是在左營高雄煉油總廠內的屏山公園的荷池，大小適中，荷葉墨綠肥碩，荷花分外嬌健鮮艷，沾滿露珠，在朝陽的映照下，晶瑩剔透，荷葉脈絡分明，池畔綠草如茵，樹蔭濃郁，實在是一處塵囂中的世外桃園。

農曆六月廿四日，傳說是荷花的生日，我想它今天一定分外嬌艷吧！我起了一個大早，揹上攝影器材，往屏山訪荷，與荷祝壽，也享受廉價而最高貴的半天，讓蒙塵的心靈洗一次荷香三溫暖！飽餐一頓高雅荷風！

距離荷池老遠，就聞到那股誘人的清香，不由人貪婪地猛吸，放輕腳步，生怕驚醒仙子的春夢，迷霧輕紗似的罩著荷池，朝陽尚未翻過削平的山麓，好像一切都在停滯，不！應該是美女嬌羞的矜持。我揀一塊平整的青石坐下，調好焦距，看荷花嬌羞地掀開面紗，對我盈盈一笑，令我一陣悸動醉倒。面前是首詩是幅畫，是位美人，是位賢者，它只有四至五天的生命，從璀璨至凋謝，它活得多采多姿，人又何必在乎生命的長短呢？

當朝陽以溫柔的手輕撫時，池中頓時熱鬧起來，蝴蝶蜜蜂開始忙碌的一天，蜻蜓正忙著為昨夜的那首詩打逗點，青蛙也不甘示弱地高唱祝壽歌，又好像是禪唱。我凝視荷花，諸佛好像從花中昇起，飄向人們的心中。

我只帶著一片摯誠去訪荷，它卻送我一縷忘憂的空靈，一縷充實的人生，一縷君子清介高風。

時近中秋，荷花已經遲暮，正如李清照的一闋「怨王孫」：

湖上風來波浩渺，秋色暮，紅稀番少，水光山色與人視，說不盡，無窮好！蓮子已成，荷葉老，清露洗，蘋花汀草，眠沙鷗鷺不回頭，似也恨，人歸早。

奉勸終年在股市打滾的朋友，終年為工作辛勞的朋友，何不偷得浮生半日閒，去訪訪荷嘛！會讓你明心，見性！

東埔之旅

台灣的秋末冬初，正是旅遊的最好季節，山上的太陽照在身上，感到煦煦的，熱而不悶，涼而不酷，予人一種沁心的舒爽。能走出塵囂，投向大自然的懷抱，舒展身心，活動筋骨，對終年案牘的人來說，實在比冬令進補還來得好。

秋之旅的目的地—東埔。屬南投縣信義鄉東埔村，是原住民布農族同胞的大本營，新中横公路從西經過，也是馳名的八通關古道的起點，景色天然，溫泉水質尤佳。

第一個焦點，是遠在山腳，近在眼前的彩虹瀑布，雖然只有短短的四十分鐘路程，但完全是上坡爬到底，大家都氣呼呼的喘大氣，那有閒情逸緻去欣賞週遭的山光水色。我背負十公斤的攝影傢伙，總習慣地瞻前顧後的，慢慢地流覽，並一一收入鏡頭。

「情人谷」，是處僻靜的小峽谷，我佇立岸上，歪頭偏腦的仔細端詳，何以取名情人谷，假若不是一對情侶在此殉情而得名的話，我想大概是那淙淙的流水，似情人說不完的情話，石間的漩流又恰似情人的酒渦吧！大家紛紛在此拍照留念，但願能天長地久，永久沈浸在情人谷甜美的回憶裡。

走出情人谷，就聽到隆隆的聲音，似在吶喊，似在咆哮，不，那是彩虹瀑布洋溢的熱情，在歡呼迎接我們的駕臨造訪。手扶欄杆，拾級而上，約十分鐘就到彩虹的腳下，一匹白練自半空而下，濺越漫漫水花，似霧似煙，是那樣的輕柔而氤氳，在太陽照射下，彩虹若隱若現，忽高忽低，捕捉良久，只有替鍾兄賢伉儷拍到一張，總算撕下彩虹姑娘一片裙擺，可說不虛此行。同仁們徜徉其間，如置身羽化仙境，塵慮全消，留連不忍離去。

山之靜，對都市人來說是種奢望，有此滌洗心頭的機會，準備好好的享受，寫幾行詩，做個甜美的夢。信步踱到陽台，看萬家燈火，閃爍在黑緞上，又似綴在天鵝絨上的鑽石，晶瑩剔透，那是因為空氣中沒有工業文明的污染，但願人人能重視自然環境的保護，減少污染，不然人類反要回歸宇宙洪荒了。

正冥想中，突然一陣噪音自空而降，感到分外的刺耳驚心，原來是八樓的卡拉OK上場了，一時情緒也攪亂了，雅興已隨噪音遠颺，只好回室，坐在床上，看幾首短詩，來填補心頭的失落。

趁著鳥兒未醒山嵐未收，我又踱到陽台，空氣清甜而沁涼，天空一片寶藍，尚可看到星月走過的腳印，東方漸白，群峰稜線一列剪影，美極了！我凝神屏息，自私地欣賞個飽足，感到天地賜給人類的財產何其豐富啊！一時烏鴉淒啼，劃破寂靜，喚醒了大地，但喚不醒整夜未眠懶慵的街燈。

七時，大伙兒拖著微酸的兩腿，往樂樂谷進發，太陽急急忙忙從高山伸出溫暖而多情的手在歡迎我們，將地上敷滿金色地氈。嚮導領我們走近路，順便造了「東埔村一鄰」布農族村落。此處是群山懷抱小盆地，文明早已捷足先登了，原始的石板屋不見了，代之以水泥磚造瓦房，家電齊備，原住民們每個人臉上流露出悠閒而滿足的笑容。沿途上學的兒童，見人就行禮喊早叫好的，想到都市的兒童，唉！真是禮失而要求諸野了。大家手腳併用，從村落左側的陡坡進入古道，個個氣喘如牛，汗流浹背！

走在古道，踩著先民的足跡，手撫峭壁壘壘鑿痕，聞到先民的汗味，從石隙中散發空谷的芳香！

左面峭壁千仞，右面深崖萬丈，石壁上的鐵鍊，沾濡千萬人驚心動魄的汗水，俯視腳下，令人腿軟頭皮發麻，沿途撒滿冥紙，更增添了恐怖的氣氛，佇立在「父子斷崖」，想到父親在此看到兒子墜崖亦無能施救的淒慘情景，能不悚然？谷底蜿蜒的陳友蘭溪的潺潺流水，似在叮嚀旅者，又似嗚咽為那對父子千古浩嘆！

越過斷崖的古道，樹木夾道，陽光一束束從樹梢射下，把道路篩成金黃的斑點，沿途潔白的山茶花，舞秋風的黃桐葉，你可能無心欣賞，只希望快點坐流籠過小溪，去樂樂谷泡溫泉。

樂樂谷，以溫泉招徠，谷中岩石縱橫，岩洞中有條天然石筍，酷似觀音，潔白無瑕。礦泉水不停地從頭頂點點滴下，它是千百年礦物大師的傑作，人實在渺小短暫了，時間可不愛泡在溫泉不願走，大伙盡興地淌著滿足的汗水遊完全程，在生活上又打下一個逗點。

常拜訪山，
能澈清心頭的蒙塵。
因為——
被翠綠染過，。
被山嵐漂過，
被清風拂過。

旗津觀落日

落日與朝陽都是美的，但我偏愛前者。在相機的觀景窗中的朝陽只是短短的一剎那，在三五秒之後便呈一片刺眼的光芒平淡而無韻了，然落日從西斜開始，大可好整以暇慢慢地欣賞個夠，它對心靈的感受與震撼是無法形容的，唯有身歷其境方能領略個中滋味。

我愛落日，每當我內心有絲絲寂聊徵候時更加喜愛。揹起兩架裝滿心靈菲輪的相機、一本記事簿、一壺水，走出戶外，親近落日如謁尊者，如晤良師益友，它不言不語，但會予人無盡的啟示。

身處大高雄，要欣賞落日處實在少得可憐，眾所皆知的只有西仔灣了。每當夕陽西下時分，便染上一份羅曼蒂克的情調，成群漁舟劃破金黃的海面，掀起金色的波浪，龐大的貨櫃船滿載五顏六色的貨櫃拉起了低八度的喉嚨，遠渡重洋英雄般的徐徐入港，予人繁榮、厚實的感受。如織的遊人，雙雙對對的踞坐在防波堤的磚墩上，或相對無語、或情話綿綿、或擁抱親吻，西仔灣的落日不知聽過多少情話，海浪不知聽過多少誓言，做過多少證人，但，真正的愛是永恆的、不變的。海誓只是虛無的流露罷了，何須多言！

我不愛去西仔灣看落日，因為太喧囂嘈雜，引不起空靈的意境，培養不出脫塵的情調。由於兩條防波堤，似巨人的雙臂環抱，破壞了那份無垠的豪壯之氣，好像菜籃內的一只蘋果。

我最愛旗津的落日，最好的地點是通過跨海隧道公車的第一個招呼站附近，也就是港務局新闢的一一六、一一七號碼頭旁。此地的防波堤上，是一排排堅毅不拔的木麻黃，它一年四季在海風的洗禮中，仍綠意盎然，夏天可乘涼、冬天可避風。每當海風掠過樹梢，似陣陣松濤，陪你輕訴低語，這光景是西仔灣所沒有的，此地的海洋更顯出浩瀚、壯闊。

每次到旗津觀落日，總愛在日落前的一個小時抵達，走進防風林，選一處視野無礙的地點，正對西方，架好相機，調好光圈，等待落日的芳蹤。海風雖吹亂了滿頭灰白的髮絲，同時也吹散了心中的抑悶。當面對一望無際的海洋，你的心胸一定為之開闊，當見到波濤不停地沖涮著沙灘，你會覺得人生渺小。當看到後浪推著前浪，那何嘗不是在啟示人世間的興衰遞嬗呢？

小舢板在海中載浮載沈，不停地撒網起網，一個希望接著一個希望，當然看不到汗流浹背與海博鬥的表情，也看不到起網後一無所獲的失望神態，但那份對生命、生存、生活的詮釋是可以理解和感受到的，因為人生就是一連串的搏鬥。

海浪不停地洗涮柔軟的沙灘，使之光滑如鏡，幾對戀人相擁而入，雙隻腳印踏碎了也弄髒了金黃的鏡面。但海浪仍一次次不厭其煩地即時將鏡面補好拭淨，好讓戀人們能徜徉到紅氈的那一端。

看落日是很難得的，正如阿里山看日出一樣，尤其是有格調意境的落日更是人生難得幾回見。聽人說，日本有位專門拍攝富士山的攝影師，他拍了廿五年的富士山，只拍到一張符合自己理想的作品。畫面是深秋的富士山、落日、群雁。我當時心想：未免太誇張了。但當你對其一個主題有所要求執著時，廿五年仍不見得能完成心願的！

落日的畫面要壯麗絢爛，必須要有恰好的雲彩來配合。在大晴天，落日偏西到下沈是一片死白，在陰天，就似個烤焦了的燒餅，只有在雲彩不大黑又不太白，不太厚不太薄，角度不太高也不太低的情形下，再有戀人或漁舟的前景，才能有個像樣的作品，實在很難！

眼看今天的落日，又要在烏七八黑的雲層中沒入海裡。沒關係！明天再來！

有人說：少女不要看落花。林黛玉流淚葬花，因為她沒體會到落花是化作春泥為護花，花才生生不息。也有人說：年老不要看落日，「夕陽無限好，只是近黃昏」，尤其是在下沈時海平面上的掙扎，勾繪出了人生蒼老淒涼無助的晚景。但當你想到它是為了明天要走更遠的路，你就會精神抖擻，重振新的樂趣與欲望的。

朋友：「萬物靜觀皆自得」，宇宙的大千世界，值得我們去觀賞、去拍攝、去描寫、去挖掘、去領略的景與物實在太多大多，那裡還有時間去無聊呢？內心只有感到分外的充實。

捕石捉濤──東北角攝之旅

記得曾去過二次東北角，在腦海中始終沒有什麼特殊的印象。兩次都是參加自強活動去的，同一般觀光客差不多，總是點到為止，沒有深入的去觀察，更沒有細心的去品味，沒有欣賞的細胞，更欠缺慧眼，所以入眼盡是些差不多的石頭而已。

此次東北角攝之旅，時間選在二月二十五、二十六兩日。元宵節剛過，一個新年下來，滿眼五光十色，滿耳炮聲、牌聲，滿胃脂肪油膩，亟需調劑洗滌，那戶外的藍天白雲，海邊的海浪波濤，是最佳的洗滌劑。

東北角嚴格以方位來說，應該是從基隆市的和平島，到台北縣的三貂角，中間包括八斗子漁港、蝙蝠洞、鼻頭角、龍洞、和美、抗日紀念碑、福隆蘇澳等據點。由於時間有限，不能觀光客似的走馬看花，而選擇了和平島、南雅、龍洞，因住宿蘇澳關係，又順便加上北關。

東北角確實是礁石的寶藏，去過的人只要稍觀察，一定會為那崢嶸怪石，險峻奇與之美而讚嘆！它除了那金色沙灘之外，還具有海蝕平台、豆腐岩、蕈狀岩、凹凸岩，它觀光資源之豐富，不遜於南台灣的國家公園──墾丁，因此它被重視，被列為國家十四項建設之一，在福隆已設管理處。

基隆的和平島公園，是一處純岩石公園，一塊海蝕平台伸入海中，上面佈置各種奇形怪石，有的凸出，有的顏色質地大異其趣，好像是刻意製造的，凹下的其圓如鏡，且盛滿清澈的海潮，光可鑑人。不少人正在梳妝整容好不愜意；有的造形如大型的薑母，棄置於地，維妙維俏，真嘆時光大師的那雙手，朱銘先生亦難望其項背。

基隆不下雨，恐怕就不像基隆了。海濤在強風助瀾下，一波比一波壯觀，細濛濛的，分不清是雨是霧還是潮，一片朦朧，如未揭頭紗的新娘，攝得一片朦朧之美，臨走回眸煙雨中的基隆山（雞籠山），似在向我們招手！

南雅里的海灣儘是礁石，下得車來一眼就看到一塊奇石，不但獨特而且怪形，不由得偏頭歪腦的左右端視良久，感覺似曾相識，我想絕不是賈寶玉的三生石，且不是石頭，簡直是一柱精雕細琢的圖騰。一時想起來了，它是宜蘭攝影名家陳兩祥的得意傑作「一柱擎天」！黃褐色的本體，配上淡紅色的紋路，週圍層層裝點雕飾，它昂首遠眺太平洋與波濤共鳴，與藍天談天，那種傲世不群的英雄氣概，令人敬仰，只可惜，暮色蒼茫，未能近仰，只得用長鏡頭捕捉一截以供回味而已。華燈呼喚著意猶未盡的一群，悻悻離去！

北關的礁石，又是另一番風味，它似宮殿的飛簷，飛躍而飄逸的指向東方；又似在與龜山島打手語。大伙在晨曦未褪中抵達，惺忪的睡意，被陣陣巨浪驚醒，仰望東方，黑雲密佈，哪兒有太陽的影子？失望之餘，沒魚蝦也好，捉幾張海浪，摘幾朵浪花，聊勝於無。太陽好像聽到我們的埋怨，勉強地從雲縫中伸出幾根指頭，綻出道道金光，配上點點漁舟，框上幾張，雖不能與日出同語，卻有另一番意境與風味。

龍洞灣，分龍頭、龍中、龍尾，我們選擇了最精彩的龍中。從龍洞隧道左側便道步行約五分鐘即達，此地不但是攝影絕佳配景場所，也是磯釣的好地方。站在海岸俯視平台，釣者甩桿，攝者用心手框取，海浪飛濺，各取所需，各得其樂，好一幅和諧的畫面！垂下約二百公尺的礁岸陡坡，踏上平台，仰望峭壁那份雄渾，令人有登泰山小天下之感，潮來浪往，你自會想到蘇軾那首膾炙人口的「念奴嬌」了！

大江東去，浪淘盡，千古風流人物……

亂石崩雲，驚濤裂岸，捲起千堆雪。

心胸好像裝上廣角鏡，廣柔的海洋、海鷗、海浪、海花、漁舟、藍天、白雲，無一不美得令人心悸，我癡癡呆呆地不知所措，無從取捨！

夜遊溪頭

溪頭—這處森林遊樂聖地，儘管去過多次，也不會有厭煩的感覺。因為空氣的甜美、檜林的挺拔、竹林的謙虛逸世，總予人拜訪賢者的感受。

夜遊溪頭，就是要體驗一下深夜溪頭的風貌，但妻有微言，一個老頭要同一般年輕人去夜遊，簡直是發瘋嘛！我說人生難得幾回瘋，偶瘋一下又何妨呢？「浮生若夢，為歡幾何？」這不是啥新花樣啦！我們看詩仙李白他老人家，春夜邀宴桃李園，並秉燭夜遊，飲酒唱歌作詩高談闊論，「開瓊筵以生花、飛羽觴而醉月。」那種神仙生活，自古到今，不知羨煞多少騷人墨客，我們打手電筒逛逛山，實在不算什麼一回事了！

俗話說：選日不如撞日，居然在久旱未雨的期間，夜遊日碰到下雨天，車進山區，一路滴滴答答下個不停，心中那團興奮之火，也隨著雨水慢慢地在冷卻下降。十九日（三月）的凌晨兩點半，便抵達目的地—溪頭。大伙兒抱著既來之、則逛之的心理，紛紛下車，未帶雨具、電筒的伙伴則只好留在車上夢遊了，大家在寒風冷雨中鑽進森林的閨房，聽到森林的呼吸，也觸到森林的脈動，更聞到它們綿綿細語；夜鶯高吭的鳴啼，似在抗議一群瘋人破壞了牠們的清夢，打斷了牠們的演奏。

沿坡路而上，汗流浹背，在細雨輕霧中，分不清是汗是雨還是霧。先拜訪神木，它老態龍鍾的站在那兒，張開雙臂在歡迎我們，慈祥地說：「可憐住在高雄的孩子們，你們常年生活在毒氣中，很高興你們這份真忱，深夜跑來看我，沒什麼招待，我有的是新鮮空氣，你們儘管吸個飽吸個夠，進進補吧！不要客氣！」大伙慢慢地品嚐。新鮮得可以擰出蜜汁來的空氣，剛從冰箱取出似的，只可惜無法帶一包回家，與家人共享！

漫山的光亮在黑緞上閃爍著，又似夏夜的流螢，雨絲晶瑩地在光亮中飄忽。一群年輕人大聲嬉笑還不過癮，把手提放音機開得大大的，他們還以為是在台北西門町，實在煞風景！

來到大學池，還不到四點，進入涼亭歇歇腿，取出點心佐山嵐、雨絲、冷風，在鳥蟲共鳴的大樂章中，慢慢的品嚐，別有一番情調，正在進入空靈的當兒，提手提放音機的人又來了！不過換了帶，放的不知道是什麼歌，只是反反覆覆的在唱「我好想你」！

我也從空靈之門，又回到現實，也感染了「好想妳」啊！我好想正在睡夢中的老伴，我更想到春夜桃李園中的盛會，那菜餚美味，那溫酒餘香，不禁垂涎欲滴，寒氣全消！冥想中，不覺東方之既白！

夜，是美好的，它掩飾所有醜陋，只讓人看到天上皎潔的月光，閃爍的星辰，還送你一個綺麗的夢！

同行有位小姐在說，大陸同胞一天到晚在為三餐發愁，台灣同胞卻為吃得太好太飽發愁，我說一點也不錯，像今晚夜遊的人，就是因為吃得太飽撐得難過嘛！

啊！
溪頭夜
寒風冷雨中踱過
留下的是歡樂
不是寂寞
因為雲隙裡仍透著微弱星光
引導人奮鬥的方向
徹夜雲蒸霞蔚
能否洗滌心上的蒙塵
徹夜迷霧飄渺
能否領人入空靈
樹海在晨曦中翻滾碧浪
那份俊挺碩壯傲世不群的風格
孕育多少棟樑
我難忘且景仰這孕林之鄉

走馬瀨農場之旅

策劃了好久的「走馬瀨農場攝之旅」，終於在凌晨懷著期待的心情踏上了征途。

「走馬瀨」在旅遊界，可說是個初生的寵兒，於去年三月始開發完成對外開放。它位於台南縣玉井鄉之西，與珊瑚潭，曾文水庫成鼎立之勢，似小家碧玉純潔無華，屬台南縣農會經營。從高市走高速公路，從仁德交流道循台廿號公路，一百分鐘車程即達。

沿途山巒起伏，流水潺潺，農舍散落，雞犬相聞，不由人想起陶淵明先生所描繪的「桃花源」，一片恬靜怡然。一下車便頂著艷陽，迫不及待徜徉其間，觸目所及，盡是翠綠欲滴的草原，那份綠，綠得生意盎然，每株草充滿蓬勃的生機，似也感染到人們生命的活力，敞開胸懷，儘情地享受吧！這樣綠透的大草原，這樣新鮮的空氣，這種田園鄉野的情趣，對大高雄市市民來說是項奢侈的享受！

遊人在坡道上踩協力車，汗流浹背，透著紅撲撲的臉蛋，大聲的歡笑。草原上點綴著東一堆西一堆玩遊戲的人群，正如大自然詩章的句點；彩色的服飾在草原的陪襯下特別鮮艷；花蝴蝶似的孩子們在草原追逐，把蚱蜢嚇得活蹦亂跳的飛滿一天，處處洋溢親情幸福，處處充滿繁榮與歡笑；每一處都是健康寫實的好題材，不用多加思索的好鏡頭，因為它就是真善美。

佇立最高點，瀏覽如黛群峰，層層次次的迤向天際，剛勁陡峭的月世界，屏風似的迎面而立。曾文溪自西南 往東蜿蜒而過，五顏六色的營帳點綴在蒼翠的森林中，陣陣烤肉香味夾著歡笑隨風飄送，把人誘得飢腸轆轆垂涎欲滴，把人逗得心花怒放，草香更是薰得遊人醉。

紅色屋頂的牛棚在草原上特別耀眼，牛隻在微風中悠然地反芻，望著遙遠的群山，如此嫩的草原，如此豐沛的水源，牛隻也同人一樣肥肥胖胖的，不擔心膽固醇高血壓，也是幸福的一群！

我沿途拍攝，同好們卻不屑一顧，因為我喜愛正片，不求有沙龍作品，但要把我認為美的每個角落，除了欣賞個夠，還貪婪地把它帶回家慢慢品味。一對情侶幕天席地的卿卿我我，不美嗎？一片無垠的草原中，有棵傲世不群的獨立樹，不美嗎？一位年輕的媽媽領著孩子在草上捉蚱蜢，不美嗎？草原的盡頭，配上一排紅瓦白牆的歐式小木屋，不美嗎？小徑蜿蜒曲折，一對情侶共撐一把花陽傘相擁漫步，不美嗎？人說，美就是心中有愛，我說，人對萬物有情會更美！

烈陽下，汗水恣意地在臉上潺潺地開條小河，揀一處濃濃的樹蔭，坐下來歇歇腿，擦擦汗，喝口水，望著天，不免有幾份遺憾，天這麼熱卻不藍，雲這麼厚卻不白，假若有藍天白雲落日該多好！人心永遠是不足的，當下午搭景完成，烏雲愈加密佈，又期望只要不下雨就好。這實在不是攝影的天氣，但同好們不願深入寶山空手而回，只有各憑本事了！

走馬瀨，走馬瀨，我思索再三，瀨者湍急的溪流也，又如何走馬？況且走遍全場，並沒有一匹馬，牛隻倒不少。中午趁休息時間，特別請教農場胡先生，問走馬瀨之緣由，據告：二百年前，在荷蘭人時代現址屬養馬場，馬匹甚多，曾文溪（未建水庫前）溪流湍急，每天群馬奔騰的馬蹄聲與溪流的激蕩聲相輝映，分不清是蹄聲浪聲，故名「走馬瀨」。多詩情畫意的「走馬瀨」！

我整日讓汗珠在牧場中洒脫
空徹的心靈濤飽綠色草原
兩架相機盛滿歡暢與希望
當趁著暮色的翅膀歸去時
依稀聽到萬馬奔騰的陣陣嘶鳴
四濺水花映著落日餘輝
迴音蕩漾著「走馬瀨」

想不到睽違九年之後，又舊地重遊，倍感親切。有幸隨「港都作家培訓營」

來濫竽充數，且細讀了它三日晨昏，寫了一首詩，很榮幸的得到佳作：

讀　走馬瀨

逝去久遠的馬群揚起
那一陣文風
推開了這世外桃源的柴扉
何其有幸——
讓我進入細讀三日
在瀨上
讀悠悠流水
讀悠悠歲月
讀過往滄桑
在如海的草原
讀珍貴的翠綠
讀沁心的草香
讀都市叢林的奢侈
在夜空

讀放大後的星月
讀螢虫提燈呼兒的溫馨
讀醉人的寂靜空靈
在課堂
讀余光中的屈原古風
讀張啟疆的時代奔放
讀馮輝岳詮釋的童真
在木屋
讀枕
讀一篇長長的作家春夢

太平山攝影之旅

太平山位於宜蘭之東，循七號公路經百韶橋上山約七十公里，是日據時代三大林場之一，由於原始的參天古樹已砍伐殆盡，現在放眼所及，盡是人造林，並且闢為森林遊樂區，確實是處洗塵滌俗的森林浴場。

十月，平地是艷陽高照的好天氣，但一進山就雲霧繚繞，霧雨霏霏，大有身在此山中，雲深不知處之感。我們一伙選擇太平山作攝影之旅的對象，是因為久慕它雲海之美，要探訪雲的故鄉—中興崗，與詭譎善變大名鼎鼎的高山湖泊—翠峰湖。

本來計劃是要搭營與翠蜂湖共宿的，因雨露太重而住宿太平山莊第八館。高聳的氣溫標指著十三度C，陣陣寒氣逼人，大有深秋的味道。為了要拍日出雲海，必須在六點前抵達，大伙一早便鑽進厚厚的被窩，養精蓄銳，並期望有個好天氣，能一顯身手；但滴滴答答的雨聲，好像是打在希望的火堆上，是那般的無奈。

深夜起床，已是雨過天黑、走出戶外，好像鑽進了冰箱，縮著脖子吸它個飽，既新鮮又涼爽，有吃過冰淇淋後體涼的味道。遠山如黛、夜空如黛、滿天亮潔的星斗、在擠眉眨眼，在賣弄風情，儘管半輪殘月冷冷地掛在樹梢，令人有種淒涼之感，但內心的喜悦是不可言喻的，期望今天能不虛此行。我想，長年生活在大都市的人們，能欣賞到如此潔清，如此之多的星星，實在是種奢侈的享受，尤其是這份靜，會引你走入空靈。本想歡呼，告訴他們好消息，但一想到他們那悠揚的鼾聲是為今天做準備時，我強捺這份喜悦又進入夢鄉。

凌晨三點半，摸黑趕去探訪十八公里外的翠峰湖，這群攝影愛好者，不但愛得瘋，愛得狂，更是愛得痴，愛得迷。坐上卡車，不，應該是搖籃車，搖得大家昏頭暈腦，只是推動搖籃的不是慈母的手，而是位很熱忱盡職的尤司機，路在詮釋著坎坷、崎嶇、險峻；車在告訴你細心、穩健、平安。馬達的吼聲夾著喇叭傳出的歌聲，把好一份大地的靜謐輾碎，我們為何不多聽聽天籟而要聽俗音，為何不走向自然，為何不去擁抱大地呢？人生又何必如陳一郎所唱的整日醉茫茫呢？唉！何不……

思潮在顛簸中起伏，意境已進入冥海，在一聲呼叫中，我睜開眼，原來已抵達雲的故鄉—中興崗。但見波濤洶湧的雲海，在東方一片紅霞的輝映下，是如此的浩瀚而壯麗，一時口張目呆，想不出一句適當的形容詞。手提相機，面對如此無垠景緻，真不知從何下手。大伙聚精會神的在調、瞄、按，雨點似的快門聲，形成一幅緊張的競爭畫面，這與藝術是多麼不相稱啊！

天際的群峰，面前的草木，此時僅是為雲海做陪襯，為雲海而存在。太陽從東方稀薄的雲層中湧出，萬道金光把雲海照得透亮，染渲得一片金黃。雲海的波濤陰暗層次分明，且不斷的在變化湧騰，翻滾冉冉上升。眼看著雲的升華、雲的誕生、轉為陣雨，遊倦歸來，又回到故鄉歇歇腿。這種壯闊的雲海美景，會令人驚心動魄，讚嘆造物主的大手筆，相機豈能捕捉到萬一？只有記在腦海，銘在心田。

在翠峰山莊用餐完畢，又背起裝備，在迷霧中以企盼的心情去探訪翠峰湖。沿途紅得發紫的小楓葉，草堆上的沿滿水珠的蛛網，在陽光的透視下，晶瑩剔透，的確是人見人愛的小品。老師說題材就在你身邊，只看有沒有慧眼了。

大伙小心翼翼地走到湖畔，想輕輕地喚醒她無痕的春夢，但簾幕深垂，始終不願卸下那層濃濃的面紗，有人說可能是阿拉伯姑娘的化身，是不肯以真面目示人的，丟石頭跺腳，它依然是無動於衷，一片朦朧，人人望湖興嘆。太陽好幾次想揭開它的面紗，但欲振乏力，當我們歸去時，她卻露出半個臉，回頭一瞥，對你嫣然一笑，逗得你心癢癢的，不死心還想再去！翠峰湖迷人就在這裡，如真似幻！

回到太平山莊午餐畢，雲消霧散，晴空如洗，幾朵白雲點綴在蔥翠的樹梢，美極了！大家利用短短的半點鐘爬上太平山公園，放眼所及只是大樹小樹老樹少樹而已，除了樹還是樹。其予人印象最深的是矗立在碧綠中白色枯木，似黑髮中的幾莖白髮，那麼雄糾昂然，那麼卓立不群，它在訴說滄桑，它在抗爭歲月；那麼古意原始，似面壁的達摩，別有一番寓意，讓人深切省思！

回程來到仁澤，又是濃霧瀰漫，霧雨綿綿，真是霧雨中來霧雨中去，但願霧雨能洗脫我們一身的俗氣，也洗脫心中的的塵埃，返璞歸真！

凌晨抵家，未及卸下行囊，老伴問我可有收穫，我說收穫頗豐，腦中有無垠雲海，滿襟霧雨，一身煙嵐，外加兩捲正片的回憶！

杉阿縱走記行

杉阿縱走，可以鍛鍊體力，培養信心毅力怡情養性，尤其在「莎拉」小姐裙擺下成行，這份勇氣，這份信心，的確難能可貴。

夜宿杉林溪

杉林溪，是森林遊樂區，入夜沒有五福四路的霓虹燈，也沒有六合路夜市的喧囂，靜靜的沉浸在天然的冷氣中，微風中夾著杉林的香味，遠山近樹，潑墨畫似的稜角畢露，黝黑的天空，好似一襲綴滿亮片的晚禮服，閃耀生輝。半輪明月，幾乎伸手可摘，更可傾聽星星的喁喁私語，對對情侶相擁而喁，真是神仙生活，我們為了養精蓄銳，只好割捨這片寧靜的夜，期望在夢鄉有更好的美景。

夜半上征途

凌晨三點起床，喝下一罐八寶粥後，背著沉重的行囊，在黑暗中開始踏上征途。星星眨了一晚的眼，勞累了，月亮也回房了，大伙打著手電筒走在產業道路上。我想，山中的秋蟲，應該合奏一曲歡迎曲，但靜悄悄的，靜得有點駭人，聽到的只是大伙兒的步履聲，呼吸的喘聲，心跳聲。前一個小時，完全是上坡，個個氣喘如牛，雖然是滿地泥濘，但不失為路，緣著山環來繞去，似乎沒有盡頭。黑暗已逝，黎明來臨，所期盼的日出景觀在烏雲中消逝。起伏山巒，披著輕紗，蟬兒也睡醒了，使勁地在調嗓子。道路稍平，健步前進，來到一處獨立家屋，有位原住民的太太，驚訝地問我們要去那裡！告訴她去阿里山，她說我們走過頭一公里，唉！屋漏又逢連夜雨，真洩氣，雖然不是回頭已百年身，但它啓示我們：走好路容易疏忽，人們處順境者，易自滿自大招致失敗；更告訴我們不可「欺」山。

陡峭入山口

七時回到入山口，樹上一塊告示牌，警告山林防火，但對入山指標卻不見隻字，真令人氣結。經再三搜尋下，在荒草中有一塊年代久遠，且標示模糊的鋁鉛片，釘在樹上，並與路成直線，不容易看到。入山口雖然不起眼，約五十來公尺處，在這裡它卻可以告訴你：什麼叫「爬」山！手抓鐵鍊，粗繩一寸一寸地往上吊，伙伴們彼此照應扶持，充分發揮團隊精神。爬到山頂，喘喘氣，喝口水，我們認為這是下馬威，雖然已走了兩點多鐘，但只是來到全程的起點。又拉起行囊，一步一步的走下去。

沿途風光

有人說：遊覽台灣各風景區，根本不要導遊，只要跟著垃圾走，實在不為過，但杉阿沿線，情況稍有不同，只是在平坦休息之處就慘不忍睹了。踏著前人的汗滴，踩著後人的垃圾，天老爺眼睛半開半閉，陰晴無雨，四處一片濛濛似張大千的作品。繞過一座山又是一座山，每座山造形不同，神態各異，參天的原始森林，散發著古老的芳香，寄生蕨攀沿其上，顯出無限生機。也有走不完的危橋，小心翼翼地通過，聽得嘎嘎的響聲，萬丈深谷中透出隆隆的水流聲，多處坍方險境，個個猿猴似的攀爬而過，沿途佈滿葉泥，隧道內的黑暗，深將及膝的污泥，真是舉步維艱；秋蟬也是那麼有氣無力的嘶喊著，好像也同我們一樣沒有精神。石上滿佈青苔，踩在上面，鞋底抹油似的其滑無比。行進中，眼要看頭頂樹幹，也要看腳底的泥溝；手要撐拐杖，更要撥開割人的茅草，大伙只顧埋頭趕路，不知走了多遠，還有多遠。混混沌沌的，正在冥思的當兒，聽得前面的喊叫：「神木到了！」不由精神一振，腳步也輕快了許多。

眠月大神木

走近眠月大神木，不由眼睛一亮，而肅然起敬起來。它不是樹木，而是一位閱盡歷代興亡、人海滄桑的尊者，樹齡四千八百年，被雷打斷一截後尚存四十八公尺，是台灣神木之尊，我們人類何其渺小，感嘆之餘大伙在此合影留念，但神木四週，垃圾遍地，實在是種褻瀆！是種恥辱！

好漢坡前考英雄

在杉阿縱走的全程中，好漢坡好比攻博士學位者的畢業面試，也好似少林子弟過十八銅人陣，它是信心、體力與耐力的最大考驗。十二點五十抵達好漢坡，憩息整裝，八寶粥、花生芝麻糖、巧克力、牛肉乾、魷魚絲、高麗蔘片等悉數取出，一股腦兒往胃裡裝，因為吃飽是為了累積更多的能量爬更高的坡。

好漢坡的起點，只是在荒原中，寬不盈尺的石階，真是深藏不露的好漢。大伙在精疲力竭的情況下，鼓起餘勇往上爬，全坡呈七十五度，高五百公尺，可能量的是直線，有幾段已近九十度，因為前面的人很輕易的可踩到後面的頭，一階一階手腳並用，汗水就像山泉汩流，停下來，拭拭汗，喝口水，前不見古人，後不見來者，艱辛與孤寂籠罩心頭。仰望坡頂天光似乎山坡將盡，但等你爬到那兒仰頭一望，情景又完全不一樣，好不洩氣！此時我體會到古人所說的：「行百里者，半九十」的真諦，但許多人在人生的旅程中，不能理解把持，以致「善始者實繁，而克終者盡寡。」因此，爬山實在不愧是砥礪個人志節品德的最佳活動呢！故「仁者樂山，智者樂水」不無道理。

我們可能走錯了路，爬的不是好漢坡，可能是通天坡吧！五百公尺哪有如此之遠？之難？之苦？之狼狽？大伙不是憑體力在爬，而是憑藉信心毅力在爬，休息時間閒聊，小杜說：「下次打死我也不來了！」潘老說：「唉！還會有下次嗎？」，領隊卻笑而不語，小杜只是搖搖頭。

爬爬又爬爬，忽然聽到文貴在山頂的喊聲，不用說「石猴」已經有譜了，內心的喜悅，就好像迷航者看到了燈塔，溺者抓到了浮木，頓時精神百倍，雙腳也輕了，終於完成「杉阿苦走」。抵達眠月車站旅客，驚奇地看我們，當時內心有一絲英雄凱旋的感覺，時間是七十八年九月八日下午一時五十分，可能會嫌我嘮叨，何必記這麼清楚？因為這是一個值得紀念的時刻，它足以「傲視江湖」，因為老中青三代沒有「丟人」。

疲勞還未消除，翌日早餐上又在商討計劃「攀登玉山」，小杜說他也要參加。我想爬山的痛苦折磨，就同偉大的母親們生產一樣，儘管說不再生了，但一看到身旁一張紅噗噗的小臉蛋，那份成就感足以撫平十月懷胎的痛苦。最後，帶著一身臭汗、一袋泥濘的衣服到家，老伴問：「玩得愉快嗎？」我說庸俗的愉快，只是過眼雲煙，唯有刻骨銘心的往事，才會讓你回味無窮無盡。

藤枝行腳

藤枝，一個詩情畫意而富野趣的名字，顧名而思義，必然是藤纏著枝，枝上掛滿藤，在山風吹拂下婀娜多姿的景象，它多年來始終印在腦海，今天終償宿願！

行經旗楠公路，到六龜十八羅漢山下小憩，仰望尊尊羅漢完全是沙土中拌著鵝卵石堆砌而成，成九十度陡坡，歷經風雨侵蝕而不塌，確係造物主的神奇。十八羅漢山是本省聞名的風景，觀賞地點必須在荖濃溪對岸，在夕陽餘暉的襯照下，每個峰的形態各異，就如置身佛林，酷似桂林山水，沒有去過漓江的人，大可來此解解饞，一覽故國山河。個人曾來數次，但天公老是做梗，沒有拍下一張像樣的作品，徒嘆奈何！

經過荖濃溪，便進寶山，此時你會體會到峰迴路轉的滋味，此時你更會感到藤枝的意景，因為路如滕，山似枝，不離不分，如一對白髮蒼蒼的夫妻愛情彌篤。車爬到山腰，回首來時路，但見荖濃溪曲折蜿蜒的風貌，田園房舍，星羅棋佈，阡陌如線，好一幅鳥瞰圖，令人心胸開朗，在薄霧的籠罩下，更增添幾份神秘的色彩，只可惜未能停車欣賞，錯失美景，引以為憾！

爬愈高、霧愈濃，濃霧伴和灰塵，大地一片蒼茫，只緣身在雲霧中，但雲深不知處，這大概就是神仙境界了。會車時進進退退的，二十多公里的路，竟顛簸了兩個多鐘頭才達到目的地—細雨霏霏，一片朦朧的藤枝。

藤枝—是森林遊樂區，屬林務局楠濃林區管理，海拔一千八百餘公尺，由於深處群山之中，有蔥翠整齊的冷杉林相，環境幽雅恬靜，故有「小溪頭」之稱。徜徉其間，處處仍能保持那份山的原味，看不到太多的人工文明，有溪頭的優點而無溪頭的塵俗，真令人有超塵脫俗之感！

第一站是參觀招待所，聽說，蔣總統經國先生曾下榻過，我想一定是棟很不錯的建築，但出乎意料的是棟很簡陋矮小的磚造平房，不由人緬懷他一生為國為民、平凡、平實、平淡平易近人的偉人風範。

時近一點，飢餳轆轆，在招待所前用餐，佐霧飲雨，五十元一碗熱騰騰的泡麵，吃在嘴裡，別有一番風味。所謂休息是為了走更遠的路，但吃飽何嘗不是為了爬最高的山呢？一千四百公尺的瞭望台，是老少咸宜的路程。

冒著紛紛細雨，沿著小徑、踏著枯枝、踩著落葉、喘著氣，一步一步的往上爬，有時手腳並用，只為了一個目的：痛痛快快的洗個森林浴，流身汗，讓通體舒暢。爬山是體力最好的考驗，很多年輕人臨陣脫逃，有的半途而廢，但「老人」卻沒一個退卻。經過五十分鐘的堅持，終於攻下藤枝最高點，一陣歡呼喊叫，個個表現出一付征服者的成功與驕傲。

依標誌所示，山頂可眺望旗山、美濃、六龜，但放眼所及，只是一片蒼茫。

我拭著汗水，望著滔滔雲霧，想到蘇軾的前赤壁賦：

縱一葦之所如，凌萬頃之茫然，浩浩乎如馮虛御風，而不知所止，飄飄乎如遺世而獨立，羽化而登仙。

更感到人生「寄蜉蝣於天地，渺滄海之一粟。」古人處處要我們豁達、樂觀，人生苦短，何必去斤斤計較呢？

藤枝之行，霧中來，霧裡去，有人感覺是花錢買罪受，這實在是標準的功利思想。為什麼不讓霧雨滌洗蒙塵的心靈，為什麼不讓煙嵐拂去一身的利欲，為什麼不把愁煩掛在藤枝呢？為什麼不學山的怡然，雲霧的飄逸呢？人生何苦！

記北港攝影之旅

一提北港，就會想到媽祖廟—朝天宮，就像外國人提起中國，就想起萬里長城一樣。其實北港除了媽祖廟之外，還有最負盛名的特產—花生、花生油，花生油它掌握全省行情，更執花生仁之牛耳，還有聞名的牛墟，可惜已經廢了！

朝天宮，它屬雲林北港鎮，隔北港溪與嘉義的新港鄉遙遙相對〈很多人誤以為北港鎮是屬嘉義縣〉，它位於北港鎮的中正路中段，殿宇輝煌，香火鼎盛，獨領全省二百餘間媽祖廟之風騷。

據有關資料記載，相傳創建於康熙三十三年。當年福建莆田縣湄洲島的朝天閣，有位僧侶奉了聖母的神像來台，路經北港歇腳，北港住民便建小廟奉祀，直到雍正八年，改建木頭磚瓦，稍具廟貌。後經乾隆十六年、三十六年以及咸豐五年的擴建，廟宇始有規模。到了光緒廿一年卻遭到回祿之災。光緒三十年，又逢雲嘉大地震，廟宇幾乎全燬，地方人士又發起募捐重建。光緒卅四年開工，至宣統三年竣工，即今日所見之媽祖廟，可說歷經滄桑，歷史久遠。

我是老北港，以前每逢初一、十五，總要帶領妻子去廟裡，備幾樣水果，點上一把香，前前後後打一圈，也不認識誰是誰，胡亂作揖打躬一通，從來也沒有仔細的欣賞「建築之美」，大凡去北港的人，都是去拜拜．而我們這夥專程為攝影而去。

三月二十五日是個陽光普照的日子，從高雄出發，豪華高速巴士飛馳在平滑的高速公路，路旁的木棉花、羊蹄甲在貼春天響宴的海報，田疇千里，稻苗如綠色的海，農夫胼手胝足耕耘在田間，荷鋤巡邏於阡陌，遊目騁懷，足以極視野之娛，戶外是誘人的，它是工商社會緊張生活中的鎮靜劑。

在目不暇給景色中，不覺北港糖廠的大煙囪在望，正在吐「二手煙」，似一條烏龍在藍天中翻騰。當年是繁榮的象徵，而今天卻成為討厭的污染源，能不令人感嘆！

未進市區，你就會被濃濃的民俗宗教氣氛所感染，廟前的那條大街，被攤販擠得水洩不通，如潮的進香團，震天價響的鑼鼓聲，震耳欲聾的炮聲，整條街似一條河，在澎湃！在沸騰！在燃燒！

整座廟沈醉在繚繞氤氳的香煙中，沈浸在千萬人的禱聲裡，媽祖她老人家，氣清意閒的跏趺帳幃，鬧中取靜，看盡貪婪的眾生。我佇立默思良久，面對如此良多的要求，如非有超大型的電腦，又怎能記憶？但剎那頓悟，來者僅兩種人，一個求名，一個求利而已。

我幾乎忘卻了此行的目的，大夥如雨的快門聲，把我從冥想拉回到現實，拿起相機，調好光圈、快門，好像漁夫已提著網。看一隊隊的進香團，入廟前各種五花八門的習俗畫著鬼臉的八家將，滿身血跡的乩童，虎虎生風武藝表演，神采奕奕的七爺八爺，魁梧威嚴的千里眼、順風耳，那三進三出往廟門街刺神輿，那手持香，嘴中呢喃的信徒，飛躍而過烈火熊熊的冥紙堆的壯舉，無一不是動人的民俗鏡頭。只可惜在推擠的人潮中，要取景實在很難，能橫衡直撞，過關斬將得看你的功力修為了。

避開喧擾的人潮，佇立僻靜的一角，欣賞那古意盎然的迴廊。石柱上的蟠龍，壁上的鏤空石彫，屋頂上的飛簷蹺脊，樹木花草，鳥獸蟲魚，栩栩如生，無一不是藝術的瑰寶。那龍飛鳳舞的姿態在藍天白雲襯托下，正欲乘風歸去！那傳聞遐爾的「孝子釘」，多少善男信女在俯伏膜拜，用手觸摸，想做孝子孝女，是很溫馨的一面。

拍吧！從廟內到廟外，從廟外到廟內，從廟頂到壁彫，累了！到廟前找處陰涼，歇一會，看賣冥紙的婦人爭奪香客的嘴臉，看廟口長條板凳上三位老者，在喧鬧中那份恬然，那份悠閒，娓娓道滄桑，話古今，談桑麻，但往事均已隨歲月而逝，無神的目光在藍天中追尋飄蕩的冥紙灰燼！

太陽西沈，人潮也關上了閘門。大夥收拾器材，撣撣滿身的炮花紙屑，帶著盈耳鑼鼓聲，鞭炮聲，滿懷的疲憊，帶著另外一個「金牌夢」，駛回燈火闌珊處！

多納之行

多納，位於高雄縣茂林鄉之東南方，是風景管制區，入山須辦理入山登記。多納，我對它慕名很久了，但一直無緣。七月二十二日鳳青攝影學會舉辦攝影之旅，目的地是多納，我欣然參加。我並不是想那可洗卻凝脂的多納溫泉，而是那兒有充滿古樸的山地魯凱族石板屋，以及盛裝的魯凱族同胞；因為多納在攝影界出產了很多名作，它一直令人心動；因為聞名不如見面，不再是美麗的憧憬，而能一償宿願。

早晨六點即趕往集合地點—高雄縣政府前，早已有影友在等候了。八時出發，擠擠一車，雖然省籍不同，但目標與願望是一致的，每個人都希望能拍到幾張好作品就不虛此行了。

車輛在光滑的柏油路上進行，由旗山過里嶺大橋，經大津進入茂林鄉，全程僅二十七公里。雖然不是單行道，但路基狹窄，它的路基可能是原有的產業道路，又沒管制，若沿途車輛交會，你進我退的會大費周章，假若是兩輛大巴士相遇的話，可就更進退兩難了，所幸今天沒遇上。

進入風景管制區後，不由精神一振，拭目以待美景，但脖子轉酸了，看到的左邊是山，右邊也是山，沒有一處奇特雄偉的，在薄雲的掩映下，一座座是那樣平凡，溪流總是愛在山的腳下捉迷藏，湍急處也會濺出一束浪花，要引起人們的注意似的。

沿途沒有看到一棵像樣一點的樹木，不知是土質使然？還是砍伐殆盡？觀察路邊的灌木藤蔓，一片茂盛翠綠，它們為了爭取生存空間，纏纏繞繞的，彼此擁抱，彼此扶持，一棵柏樹，藤蔓替它美成一樹綠意盎然，綴滿紅白的小花，吊吊掛掛的，迎風飄蕩，那份飄逸，是庭園設計師無法創作的。我們身為萬物之靈的人類，為什麼不學學植物，彼此扶持，和和諧諧的創造一片共同生存空間呢？

車輛從山腳繞到山腰，又從山腰繞到山腳，終於看到了多納。我聚精會神地去觀察，但愈看愈洩氣，頓時有被欺騙的感覺，因為─多納，是以原始的石板屋而聞名，但放眼所及，盡是些現代建材建築呢！屋頂滿佈電視天線。

十時許，即抵達多納國小前，匆匆用完便當，迫不及待，各背裝備，紛紛尋古訪勝。很失望，有些墻是石板砌的已經不倫不類了，但屋頂卻遍瓦或鉛片；有些保留石板瓦，但墻已經變了，變得離了譜。好不容易找到一棟，大夥如獲至寶，找幾個兒童往臺前一站，看他黑黑的皮膚，圓而大的眼睛，純真的表情，以石板屋作背景，實在不相稱。因為顯不出石板屋的特有文化背景，我在觀景窗中注視良久一陣茫茫然，忘卻按快門，任它在流光中消逝罷！

十一時領隊宣佈，已僱妥幾名兒童少女老太太著山地盛裝，為我們配景並且有表演舂杵麻糬，如此安排總算不虛此行，但失去了那份純真。

孩子們在烈日下，汗如雨下中任人「擺佈」，只有無奈而沒有那份活潑天真，麻糬在舂杵聲中完成，那份原始在舂杵聲中消失，多納也杵進了文明。

避開攝影題材不談，多納實在是一處陶淵明筆下的世外桃源，它在綠山擁抱中，四季皆綠，全村九十七戶五百餘人，而少女嚴重外流，山地少男感嘆娶妻不易，這大概是文明所賜吧！三點多陽光就在送客了。

啊——多納！
我並不怪您，
誰願為原始犧牲，
誰有能力阻止文明，
但願能留下一點痕跡，
供後人追憶憑弔，
揮揮手——別了！
只帶走一聲買來的舂杵聲！

柴山健行

每當想爬爬山的時候，內心就不由得發出怨嘆，為什麼要定居在高雄市這種山「窮」水「盡」的地方。當我爬過柴山歸來時，又在埋怨自己為什麼不早去爬，好可惜啊！

五月十三日凌晨四時，我帶著輕裝，揹著相機，在路燈疲憊的眼神下，徜徉在日間的繁榮街道，漫步在五福四路的胸脯，聽到它的鼾聲，更聽到愛河的脈動，如黛的壽山屏立前方，東方已經曙白，月亮眨著失眠的眼神，瞅著尚在沉睡的港都。

想我是最早的一個，但一踏上壽山寺右側的階梯，發現晨「爬」的人們已經絡繹於途了，跟在人群的後面，聽他們的南腔北調，急促的喘氣，慶幸吾道不孤。沿途觀察，無論男女，中年人比少年多，但老年人又比中年人多，可證人生快要靠站的時候，愈能體會到健康之可貴，愈想抓住時光的裙擺。

走到壽山動物園，循右側小徑開始進山，路旁有道數百公尺的水泥圍牆，上書「萬里長城」四個大字，墻上有槍眼砲孔。墻內尚住有一戶人家，可不是秦始皇啊！想當年一定是軍事要地。走完長城陡坡，爬上稜線，觸目所及可用「滿目瘡痍」、「不忍卒睹」來形容！綠綠的青色山脈，終年在台灣水泥的怪手摧殘下，真是千萬年的遺憾，再多的金錢，又怎能贖回那份風貌，現在雖然在大力的綠化，也只是一位灼傷者植皮而已，那種格格不入的疤痕是永遠無法消失的。

柴山之巔，高雄市之最高點，「三二〇」高地兩側的茂密樹林，真像禿頭後腦勺的那撮毛髮，看起來分外耀眼醒目，東面更像一個七層大蛋糕。你不要小看這三二〇公尺，我爬過很多山，可沒有如此豐富的地形，有陽關大道，有羊腸小徑，有小懸崖，有七十度的陡坡，沿途盡是珊瑚礁，非常尖銳，更可幸的是沒有一點人工色彩，仍保有那份原始的風貌，形形色色的灌木，清香撲鼻的野花，你會身不由己的停下來，吸它一個飽！看它一個夠！歡笑充滿山頭，音符更是乘著晨曦的翅膀飛舞著，我未曾用早點，就是要留著空腹來飽餐一頓營養豐富的「陰離子」，清清涼涼的，不用再加調味料，是那樣的可口誘人，不用付費，只要付出汁水。

爬到最高點，我英雄式的歡呼，「柴山萬歲！」「高雄市萬歲！」。坐下來，喝口水，擦擦汗，高雄市盡收眼底，一片都市叢林，在晨曦輝映下，不知是輕紗薄掩，還是隔夜未散的烏煙瘴氣？愛河從北向南蜿蜒，它為高雄帶走了多少污穢，也帶來多少煩憂，但願有一天能「河清海宴」，風帆點點，海鷗翱翔。

爬柴山，有處不可不去的地方，那就是「猴洞」。循回程路線約十餘分鐘後，從右邊小路進入，約二十分鐘可達。柴山的猴洞，可不是歷史陳跡，而是實實在在的猴洞，經常有猴群棲息其間，遊客們往往飼以蘋果香蕉，就好像見到老朋友那樣無拘無束，頓時會使你整個神情融入自然，而怡然自得渾然忘我。

人生勞碌一輩子，為衣為食為住為名為利為子孫！又何苦呢！馬太福音十七章二十六節說：「人若賺得全世界，賠上自己的生命，又有什麼益處呢？人還能拿什麼換生命呢？」。所謂「仁者樂山、智者樂水」，山水確實能開闊我們的心胸，陶冶我們本性，你更能體會到「登泰山而小天下了」。

聽說柴山還有一處關閉的山洞，在台泥之後，洞內有兩座天然石鍾筍，一似關公，一似觀音，觀音已被宵小鋸走，關公的腿部已鋸斷大半，所幸發現得早，及時封閉，蘇南成市長曾親往勘察，大發雷霆。

我曾經埋怨軍方，東封鎖西管制的，我現在卻由衷的感謝軍方，若沒有管制，柴山恐怕早已蕩然無存了，現在是開放了，但在公德淪喪的今天，柴山又能禁得起幾年的摧殘？這是大高雄市一百三十萬市民最後的半座山，僅有的一處憩息去處了。朋友！讓我們一起來珍惜它，愛護它！擁抱它！將它劃入你的生活之中。

回程中，上山的人群，扶老攜幼的絡繹於途，陽光篩滿林蔭小徑，花香撲鼻，蟬聲盈耳，歌聲洋溢，汗流浹背中結束了最經濟實惠的柴山之旅，不是結束，而是開始！朋友！讓我們一起來，擷取這份健康的舒暢！享受這份自然的資源吧！

馬沙溝之旅

終年案牘勞神的朋友們，能夠偷得浮生半日閒，走出戶外，走出熙熙攘攘的水泥灰暗森林，暢舒一下心身，實在是非常需要的事。

就近的馬沙溝，雖然不是什麼頂尖的風景區，但也有它值得一遊的獨特風貌。馬沙溝又名馬山溝，它的位置在台南縣將軍鄉西北方的海邊，隔將軍溪與北門鄉相對，從高雄市走沿海公路，約兩小時可達。

十月十四日，風和日麗，是個很適合旅遊的日子，我們一行九人，平均年齡雖已逾半百，但仍脫不了與孩童一樣那股喜樂的稚氣，帶了大袋小袋吃的喝的嚼的，興緻勃勃的準時上車出發。從援中港上臨海公路，從市區出來的人或車，對寬敞的馬路，稀落的車輛，莫不感到一份鬆弛與舒暢。兩旁田疇綠野，足以游目騁懷，鮮紅的蕃茄，散落在綠的田裡，啊！原來這裡就是蕃茄的故鄉。有幾份蒼勁的原料甘蔗，在微風中搖曳，似在向路人炫耀，它當年是台灣經濟的功臣；台糖小火車，載滿截段的原料甘蔗，緩緩地如龍鍾的老人，在工業繁榮中，仍沉浸在當年驕傲的回憶中漫步。

越往北走，越少見那蔥翠的農作物，大概是土質的關係吧！放眼望去，儘是一望無際的鹽田，方方正正一堆一堆的，淺淺的鹽水，似綠非綠，似黃非黃，沒有一點生機，但有幾隻零落的鷺鷥，呆呆的在田埂上，企圖有所收穫！而魚塭地區的生態，可活潑多了，水車不停地在拍著，朵朵水花在陽光的照射下如白雪銀珠湧出噴泉，不時還有魚兒躍出水面，享受一下太陽浴。這兒的白鷺鷥可活潑多了，那種凝神專注，隨時準備出擊的神態，可見鳥兒謀生也不易！

十時許，即抵達目的地—馬沙溝海水浴場。那兒冷靜靜的，但海水依然碧藍，海風在輕拂，海浪在低吟，伙伴們漫步在軟綿綿的沙灘上，在追捕小蟹，在追憶童年，在拾撿貝殼，在重拾歲月。

我佇立在防坡堤上，靜靜地觀賞一坵一坵的沙堆，如置身戈壁，配上幾株枯凋的樹木，更增添了幾份淒涼的氣氛。如鱗的沙浪，一波疊一波，是那樣精緻，我不忍舉步，生怕蹧蹋了風神的傑作，只好取出相機，替它拍了一張，把我身影投在沙浪，讓浪花濺在我心頭，讓浪花印入我腦海。

我輕移腳步，深恐踩傷了底下的蟹兒，一回眸，足印已模糊不見，我又駐足，靜觀腳下的沙，溪水似的在緩緩地流動，難怪來時的足跡，剎時湮滅無縱，歷史在腳下流過，時光在腳下溜走，生命也在伴著沙流流走啊！萬物靜觀皆自得，一花一世界，一沙一乾坤，宇宙就在你心中了！

防波堤內有一片綠色的沼澤，鳥兒覓食生意盎然，與堤外的蒼涼成強烈的對比。時近中午，依依地離開這片荒涼，在車上仍憧憬著那烈日下，一片五顏六色的遮陽傘，紅男綠女嬉水逐浪的浴場風光！

回程，順便暢遊珊瑚潭、虎頭埤，讓青山綠水碧波遊艇，填補下午的空白，讓血紅的西沉落日，在我們的途中打下一個美好的句點！

懷舊之旅

三月底遊九份，遇人多擠不進，便先往金瓜石，做個懷舊之旅。

金瓜石，保二總隊的火燒島，在當年潘總隊長的美化下，一夕之間變成了──金門。不管火燒島也好，金門也好，是最讓我詛咒的地方，也是令人懷念的地方，人對地方的情感跟男女之間的情感是一樣的，有愛才有恨，有恨方有愛，無恨無愛，那只是漠不相干的路人罷了。

進入金瓜石，一切都變了，馬路變得平坦了，木造的矮房屋變成兩三層的高樓。車順瓜山而下，著名的九拐十八彎，在海風細雨中，路面映著雲隙的天光，好一幀出色的水墨畫。討厭的雨刷，卻把一幅美景攪得稀爛，好心疼啊！我要政兒停車下來拍一張照，在光線不足的情況下，也要拍下它留個紀念，曾走過多少遍，從來沒用心的看它一眼，別說去欣賞了。想當年的王昭君，下嫁匈奴呼韓邪單于出關後一路的心情一樣，剩水殘山無心賞！

車盤旋而下，心情也愈加沈重，當年的那股無端別妻離兒的苦痛，又再復發。到了！到了！車在當年水湳洞分隊的隊舍前停下，不由人有回大陸老家的激情，只是沒有哭泣、沒有眼淚、沒有親人的呼喊與擁抱！

我仔細地將回憶倒帶，左邊的樓上的那扇窗，不知多少個黃昏看落日，看藍黃分明的陰陽海，看載浮載沉的漁舟，看颱風天的翻天鉅浪，看最後一班火車進站蹣蹣跚跚肩挑背負貨物的乘客，在路燈下拉長了身影送他們回家。夜闌人靜時，常聽到同病相憐的同事們夢中的嘆息，也常聽到孤寂的老兵礦工們買醉歸來的悲情高歌，那不是歌，是以歌代哭，還有老同事們那份跡近江湖的豪氣，歷歷在目。

我楞了良久，楞得忘了我，下意識想進去，找當年我那雙兩隻不同號的雨鞋、那頂撞得體無完膚的安全帽、還有那盞擦得金亮金亮的電石燈、還有我的夢、我的汗水、我的淚，是否在裡面長菌發芽了呢？門是木板釘住的，這又何必呢！門雖設而常關，那是陶淵明呀！何不打開門，讓路人避風遮雨，讓老房客把晤敘舊，不要讓滄桑獨佔嘛！樑塌了，瓦碎了，窗朽了，但牆上——「莊敬自強，處變不驚」，在門前的淒淒芳草中，在斜風細雨中，的確依然處變不驚，自強如昔。

隊部的左邊那道陡坡，是通往選廠的要道，每次四到八的守望時，我發現早到上班的，總是那位跛腳的工人，他比時鐘還準，七點卅五分開始爬坡，遲到的總是健步如飛的壯漢，當年我就認為龜兔賽跑不是寓言，而是事實，我現在好像望著那位朋友在長滿青苔的階梯上爬，事隔二十多年了，不管他是否尚在，但他把生命意義詮釋得淋漓盡緻，令人欽佩！左面的煉金廠，鐵門捆上鐵鍊還加鎖，似乎是多餘的，現在煉的不是黃金而是人人擁有的悠悠歲月啊！崗亭依然，只是門窗未見，大概是便利往事出入吧！

歲月是無情的，它能把人的事物淡忘，它更是多情的，讓人的苦痛與快樂歷久彌新，放眼一山煙雨、一海滄茫，孫子問我來這裡看什麼？我說看往事，他搖頭傻笑。

濛濛細雨訪九份

趁北上開會之便，政兒邀我去九份，我欣然同意，因為它對我來說，是個既熟悉又陌生的地方。兩度服務金瓜石的時候，坐公路局的車，來來回回不知從它門口經過多少次，但從來沒有進去逛過，一來沒那份閒情逸致，二來它對我沒有吸引力。

人人都知道九份的盛名，想它當年不但產金而且是金飾加工的頂尖高手，金純手工巧，風靡了全台灣的愛金者，也吸引想一夕致富的淘金客。所謂好花不常開，好景不常在，金盡礦閉，九份人去樓空，人們心中縈迴的，還是那鼎盛時期的紙醉金迷揮金如土的歲月。

九份的金盡了，九份也完了，因為它沒有腹地可供耕作，又沒靠海可供漁撈，香港調景嶺似的懸於山之腰，它在歲月中，等荒涼，在荒涼中，等圮廢罷了。而藝術家的眼光是獨特的，是超現實的，他們的胸懷更是悲天憫物，他們用鏡頭寫下世態炎涼，他們用畫筆繪下九份曾經的輝煌，他們要把九份留下來，不讓它在無情的歲月中消失，要替它治病，要它起死回生。它在彩筆鏡頭的衝擊下，甕口的塵土終於鑿開了，像神燈中變出來的巨人，鑽進人們的腦海，成為愛寂寞荒涼者的最愛。頗負盛名的咖啡廣告、油畫、水彩、攝影各種名作相繼問世，「悲情城市」等幾部電影，就是以它為背景，九份在電影院中也鑽進了觀眾的心衷。

九份這個小村落，對金瓜石的金屬公司來說，是個既愛且恨的地方，因為它的特產，不是今天的芋圓湯，而是採金礦技術高超的「高師」（專門在礦坑竊盜礦砂的小偷），大學礦冶系的工程師們也是自嘆弗如。九份的高師，不但採礦挖礦技術高超，煉金技術也是一流的，不像金屬公司那樣大費周章有龐大的設備，他們一口小鍋，一個小爐就可煉金。

一上車在優美的音樂聲中，我閉著眼想著有關九份的點點滴滴，當駛進南港汐止時，高速公路的車流似乎流入了水壩，動彈不得，睜開眼欣賞公路上汽車大展，濛濛細雨中，別有一番風情，四週儘是潑墨山水畫，淡雅有緻。有位名家說：風和日麗是一篇散文，濛濛細雨是首詩，散文是明確的，而詩是朦朧的。此時此景我深切領悟到的確如此，今天剛好讀了一篇散文，又讀了一首詩。

一路走走停停抵達九份已傍晚，我們沿階而下，在每個階梯口，我總要駐足找尋拍咖啡廣告，長滿青苔的那個梯口，看來看去好像又不像，當踏上窄窄的街道，天啦！滿坑滿谷都是人，當年台北西門町電影散場的情景也不過如此呀！轆轆飢腸好不容易在一間靠海邊的阿婆芋圓攤等到四個位置，那甜甜ＱＱ的芋圓湯在春雨料峭中，吃在嘴裡，暖在心頭的那種滋味，只有你去心領神會了。

聽到鄰座有位很感性的小姐在說：在台北住膩了，想來九份找份寧靜寂寞回去，想不到更加令人喧囂煩躁，我想她大概是位幻想空靈的詩人，可惜來晚了！寧靜的九份已經死去，已經復活的九份，卻是一付粗俗的面孔，人口回流了，舊屋更新了，古色難尋了，它因藝術而活，藝術卻又為它而死，九份啊！九份啊！誰對誰錯？

楓葉的聯想

遠上寒山石徑斜，
白雲深處有人家。
停車坐愛楓林晚，
霜葉紅於二月花。

這首詩是唐朝大詩人杜牧遊湖南岳麓山所寫的，這首詩於岳麓的愛晚亭，一如張繼的楓橋夜泊之於寒山寺，由於兩首詩短短的廿八個字，打響了一亭一寺的知名度而歷久彌新，讓人低吟迴腸。

我寫不好古典詩，但對楓葉分外的鍾情。台灣的楓葉實在太遜了，無法「紅於二月花」，要看像樣的楓葉，要去奧萬大，但也只是黃而不紅。台北市中山北路的楲樹卻不黃也不紅，好像一群不食人間煙火的雅士，墜入紅塵一樣的無奈。

楓紅不但是詩的觸媒，更是攝影的好題材，台灣的深秋有種欖仁樹，紅得漂亮，我常把欖紅做楓紅。年前九月底，遊南京有名的楓葉之鄉—棲霞寺，碩大的楓樹株株枝繁葉茂，可惜來早了，它還沒有上粧，想到那種漫山遍野的紅，在秋陽的照射下，來拍張逆光的特寫該是多美好的畫與詩。一路走來，一路冥想，思維進入了空靈，忽而飄來一陣臭豆腐的「香」味，又從冥想中甦醒，在楓林中大啖臭豆腐，實在是件很煞風景的事。且看釋茗山詠棲霞山的一首五言律詩之後，相信你也會有同感：

六朝興古剎，山寺號棲霞。
秋到觀楓葉，冬來賞雪花。
岩中泉水冷，嶺上夕陽斜。
正月初春日，枯枝蘊嫩芽。

在朵頤臭豆腐時，大伙的話題集中在楓葉上，導遊除了推崇棲霞楓葉之美「天下第一」之外，他還特別說明遍地的紅得滴血的楓葉是不准檢拾的，我頓時火冒三丈，認為簡直是豈有此理？美麗的楓葉任人踐踏卻不可檢拾，他又說假若你喜愛的，話寺門口是有賣的，繞了半天，原來還是一個離不開錢的「賊」點子啊！導遊還強詞奪理的替人民政府的規定辯護，他說，假若可以檢拾的話它與摘的無法分辨，每天的遊客成千上萬，山的楓葉保險被摘得精光。它雖然是用一頂保護楓林的大帽子來壓人，當時我雖然微微點頭，但內心依然是不表贊同的，也始終耿耿於懷，直到日前，在台灣新聞報上看到一篇報導，說奧萬大的楓葉今年紅得特別漂亮，可惜不到幾天就被遊客摘得精光，變成了禿楓，因而內心也感到非常愧疚，認為中國人都是雅士，也佩服中共，他們對中國人的民族性了解真深！

地球村居民

去年三月赴歐洲旅遊，自英國倫敦經英吉利海底隧道到對岸的比利時首都布魯塞爾、德國的海德堡、荷蘭的阿姆斯特丹、瑞士的蘇黎世，又登上舉世文名的鐵力士雪峰，最後到法國的巴黎。

巴黎是花都，也是藝術之都。我對藝術是門外漢，但對那匠心獨運雄偉的建築，它所表現的真善美，即使凡夫俗子也會感嘆人類之巧智。藝術的寶庫—羅浮宮，它收藏之豐不是短時間可以看完的，就以它建築外觀的精巧華麗，就夠你留連的了。

參觀羅浮宮，是此行的壓軸。卅日上午，大伙就興沖沖地到達宮門口，那是馳名國際的華籍建築師貝聿銘設計的金字塔式的玻璃屋，仰頭欣賞它的結構，正是古典與現代的揉合，簡潔而典雅。欣賞了許久，旁觀人龍盤旋轉梯而上，而我們卻按兵不動，領隊周先生說：上去參觀必須要有專業的導遊。在大家等待不耐煩的時候，只見一位婦人高舉著手，連跑帶跳的來到我們中間，疊聲的說抱歉，理由是世界通用的—塞車。

她是位風韻猶存的徐娘，白裡透紅的皮膚，大大的藍眼睛，橢圓的臉蛋，黃中帶黑的頭髮，高矮適中的身材，一口流利不帶北京味的國語。一個上午放錄音帶似的，把參觀的每件藝術品它的作者背景，藝術特色，如數家珍，她柔和而磁性的聲調，讓大伙沉醉在藝術之中，醺醺然離開了慕名久矣的藝術寶庫，雖然只是到此一遊而已，心中卻有種莫名的滿足感！

在往愛非爾鐵塔的途中，剛好與這位導遊女子坐在一排，我正襟危坐，也沒開口搭訕，原因是我的湖南國語太標準了，恐怕她聽不懂，這樣雖然是不禮貌，但也是不得已的藏拙罷了，何況沉默是金呢？

車沿著沒有特色的塞拉河緩緩前進，車內一片沉靜，大概是太累了，我偏頭望窗外，觀賞那穿梭的遊艇，她忽然側過頭來看我的名牌，誇張地瞪大眼很驚喜的說：「我們是鄉親乜！」，我心裡在笑，笑這位老洋妞也會瞎掰，我開玩笑的口吻說：「四海之內，皆兄弟也！」不！我叫—密佘爾—李，不是與你同姓嗎？她的態度是那樣自然親切認真，雖然是職業包裝，但聽在耳裡，還是蠻舒服的。

我不落俗套地問她：「妳府上哪兒？」想不到她疑惑地用綠色的眼光盯著我，似乎面有難色，不知怎麼的，我又粗鄙幾近下流的加問了一句：「是不是你媽媽有很多的丈夫？」，怎知她馬上反應過來，輕輕的拍我肩說，伯伯，您壞壞！您說我是中國人所說的那個「雜種！」，我有點臉紅，後悔在女性面前，如此沒格調的輕狂。

想不到她很不在意地說：「我只有一個爸爸，就是多幾位，也是母親的驕傲！

您問我哪裡人？不知如何認定，我父親是蘇俄人，母親是荷蘭人，我出生在巴黎，我在台灣唸中文，又嫁給了台灣人，女兒在倫敦出生，女兒在比利時出生我只能說是歐亞人，或者是地球村的村民，您同意嗎？」她很認真地在說。

我正經八百的說：「不同意！妳是一位十足的台灣媳婦，應該感到光榮才對！」，「噢！台灣雖然是海闊天空，但心胸卻很狹窄，兩千多萬人還分什麼本省人外省人，要什麼本土化？我們偉大的中國更可笑，一國有三制、四制，因為一個國家，去台灣、香港、澳門、大陸卻要簽證，比出國還麻煩，是我們中國人自我的諷刺啊！孔老師發明的天下為公，世界大同美好的主張，我們中國人自己不用，卻被歐洲人用了，讓我們一起慚愧吧！」

我手握拳頭，有點氣憤而激動，她好奇地盯著我說：「伯伯，您生什麼氣！是不是我說錯了話呢？」不！不！妳說得對，因為我是諷刺中的諷刺，在台灣快半個世紀了，台灣人說我是外省人，而大陸人說我是台胞！唉—我想孔老夫子大概是移民了！彼此相視而笑，只見鐵塔高聳入雲，宏觀世界，而中國所自誇的長城，只是圍住了中國人自己的狹隘而已！

還我頭來

英國倫敦的大英博物館，是世界上著名的博物館之一，它的收藏之豐，當今還無出其右的。盎格魯撒克遜這個民族，它雖走在自由民主的尖端，但它保守的觀念，比任何民族都要來的強。就以街道來說，沿街的建築，仍然保持原有的外觀，拆屋重建時，必須保留那件披在外面的風衣。一棟民宅的牆上，也釘上好多了銅牌，記載它曾經住過的主人，是炫耀，也是念舊，我們台北市聞名南北貨市場的迪化街，在爭吵拆留之間，就缺了這份共識。

何其有幸，去年三月在兒女的安排下赴西歐旅遊。第一個參觀的地方，就是外觀老舊而顯得斑剝的大英博物館。迴廊上成排碩大的石柱，牢牢地在滄桑的歲月中撐住那份聞名。雖然領隊與導遊在催，但我並不急著進去，想要細細觀賞。從外觀，我感受到雄偉有餘，但找不到中國建築的那份富麗中襯托出的那份莊嚴感。

當我走進圖書收藏館，才真正瞭解到「汗牛充棟」這句成語。偌大的一間房，從下到天花板，密密麻麻的排滿了書，古色古香的木頭書架，配上昏暗燈泡燈光，即使凡夫俗子，也會感到知識之浩瀚，學海之無涯，一個作家的作品，能藏諸名山，是畢生的榮幸與企求！

一身溢滿書香，來到埃及館。大大小小的人頭獅身石彫，以及金碧輝煌的法老王塑像，在柔和的日光照射下，把遊客的心，帶到古埃及。如此多如此龐然大件，內心想埃及這個敗家子，也真會敗家！沒想到導遊的那位華僑太太說，這批古物，都是戰爭時埃及託管的，是柔和的霸佔，無論是「託管」或「代管」那只是侵略的外衣罷了！

走出埃及館，隔壁就是中國館。仰頭一望牆壁，不由心中一陣莫名的悸痛，有他鄉遇故知的興奮，有親人流落異鄉的悲情。我仔細端詳，這三尊石質佛像壁畫石彫，是從石屋上強鑿下來的，整幅十二塊拼成，好面熟啊！同樣的在敦煌看過，在龍門看過，那栩栩如生的造形，祥和的表情，久視久視，前面三尊彩陶佛像都在微笑中如帶著輕視而不屑的眼神，望著一批批無知、無恥的主人。花了大把銀子，千里迢迢的來看英國人在出賣中國人的尊嚴，我拖著沉重的心情，挪走欲哭無淚的視線。轉角一間寬敞的中國館，毋寧說是巧取豪奪的贓物展示館。好多石彫人頭，似乎也都在向我瞪眼怨恨身首異處，無能的中國人，竟然沒人肯替它們伸冤，我愧疚的心，面對這些石彫精品，竟不敢正視，而同伴們卻沾沾自喜，這種南轅北轍的心情，到底誰對誰錯呢？這大概是自我的多愁善感作祟吧！

去年八月，又隨大海洋詩社武漢華中師大之邀，作學術座談訪問。從武漢三峽到西安，當參觀乾陵武則天李隆基的墓時，使我沉寂了的大英博物館中國館的影像，又在腦海翻騰，因為陵前左右兩群翁仲的頭被砍掉了，內心深處似乎聽到它們在吶喊：「還我頭來！還我頭來！」我相信沒有第二人聽到。當慶祝香港回歸漫天煙火燦爛的時候，是否也照亮了人頭回家的路呢？但願乘勝向列強文化大起贓！

年表

李　玉，輩字迪為，主後一九二八年，歲次戊辰重陽節生於湖南省武岡縣蓼溪鄉半山李家（現隸屬洞口縣茶鋪鄉）。祖父鍾英公，曾任前清四川蒼溪縣知事多年，客逝任所；祖母楊氏豫人，伯父鹿鳴、父濟美、母袁氏順姣，生我兄妹五人，長兄迪民、次兄迪劍、大妹柏蓮、次妹梅蓮，吾居其中。

一九三六 ◎ 八歲啟蒙，先後從堂叔允成、叔祖香谷，讀四書、瓊林、史鑑等，讀書識字。

一九四〇 ◎ 十二歲，廢私塾，進保國民小學，師楊澤民。

一九四二 ◎ 十五歲入觀瀾小學，二年高小畢業。

一九四三 ◎ 十六歲入毓蘭中學，一年後輟學。

一九四五 ◎ 經大姐夫蕭調俊介紹，進入洞口平元鄉公所任鄉丁，辦理苗區戶口清查及催征民伕約半年，因志趣不合離職。

一九四七◎十九歲，改單名—玉，農曆二月廿二日離家，於衡陽考入青年軍二零五師。秋，部隊進駐台灣屏東、嘉義、岡山、臺中等地。

一九四九◎進入陸軍第四軍官訓練班軍士隊第七期，接受孫立人將軍之新軍訓練，大陸情勢逆轉，部隊改編為砲兵第十四團。

一九五〇◎三月一日離開部隊，經鄒少卿介紹投入台灣省保安警察第二總隊，派駐北港糖廠。

一九五四◎二十六歲，六月十八日與北港籍陳月霞小姐結婚。

一九五五◎長女慎芬出生。

一九五七◎克盡職守，獲頒警察獎章。

一九五八 ◎ 三十歲，次女莒光出生。

一九六〇 ◎ 長子慎政出生。

一九六二 ◎ 三十三歲，在職十年以上，成績優良，獲頒警察獎章。
◎ 元月初四父濟美逝世，十二月二六日慈母袁氏順姣逝世。

一九六三 ◎ 次子慎德出生。
◎ 當選模範警察獲頒警察獎章。

一九六四 ◎ 調台南縣車崁糖廠。

一九六六 ◎ 進入台灣省警察學校警員班第二十三期第十九隊受訓，為期一年。

一九六七 ◎ 三十九歲，在警校以第一名畢業，操行成績破創校紀錄高達一百零七分，因在校成績優異，特調派駐高雄加工出口區代理小隊長一職。

一九六九◎由台南車炭糖廠虎山宿舍遷入高雄市前鎮區崗山仔自宅。

一九七〇◎勤餘從事寫作投寄「警光月刊」發表，多篇曾獲選入「工作經驗談」單行本中。

一九七　◎調金山核能一廠服務，再調回高雄加工出口區。

一九七二◎警察人員特種考試，行政警察人員乙等考試優等及格。

一九七五◎調楠梓加工出口區中隊部任辦事員。

◎四月六日戒煙，煙齡已三十餘年。

一九八二◎五十四歲，十二月二十六日，決志信奉基督與妻同時受洗，由基督教信義會崗山教會周茂盛牧師施洗。

一九八四　◎榮獲加工區文藝徵文賽小說組第一名；詩歌組第二名。

一九八五　◎榮獲加工區文藝徵文賽小說組佳作；詩歌組第二名；散文組第二名。

◎經高雄市書法學會理事長劉百鈞先生介紹加入青溪新文藝學會。

◎經同事杜志文介紹，加入高雄市攝影協會。

一九八六　◎榮獲加工出口區文藝徵文賽散文組第一名；小說組第二名。

◎經楊　濤先生介紹，加入中國文藝協會南部分會。

◎榮獲加工區十三屆攝影比賽銅牌。

◎榮獲高雄市攝影學會冬季杯銅牌。

◎榮獲加工出口區十四屆攝影比賽銅牌。

一九八七　◎十月一日退休。

◎榮獲青溪新文藝金環獎—民俗相聲銅環獎。

◎榮獲第四屆警光藝苑攝影比賽銅牌。

一九八八 ◎榮獲青溪新文藝金環獎—民俗相聲銀環獎。
◎榮獲高雄市觀光節攝影比賽優選。

一九八九 ◎六十一歲，長外孫女安妮出生。
◎榮獲高雄市生命線協會二十週年攝影賽銅牌。
◎榮獲青溪新文藝金環獎—民俗相聲金環獎。
◎榮獲台灣省第一屆金輪獎攝影組佳作。
◎榮獲台灣省第三屆主席杯攝影賽優選。

一九九〇 ◎長孫惠平出生。
◎榮獲加工區文藝徵文賽小說組第一名；詩歌組佳作；散文組佳作。
◎榮獲高雄市社教館舉辦「美化人生」攝影賽佳作。
◎榮獲青溪新文藝學會金環獎—民俗相聲銅環獎。
◎榮任高雄市攝影學會會刊主編並當選監事。
◎榮獲加工出口區第十七屆攝影比賽金牌。

一九九一 ◎六十三歲，次孫惠群出生。
◎榮獲加工出口區文藝徵文賽詩歌組第一名；小說組第二名；散文組第二名。
◎榮獲高雄市文藝學會舉辦—迎向九零年代短篇小說佳。
◎榮獲高雄市政府舉辦「高雄之美」攝影賽銀牌。
◎榮獲高雄市攝影學會「專題攝影比賽」銅牌。
◎榮獲今日彩色沖印公司舉辦龍舟攝影比賽銅牌。
◎榮獲青溪新文藝金環獎—短篇小說銅環獎。
◎榮獲鳳青攝影學會舉辦歡樂杯攝影賽優選。

一九九二 ◎二月十六日，長子慎政按立為台北市外雙溪基督教浸信會慈光堂牧師。
◎高雄市政府新聞處主辦「美哉高雄—名家有約」忝列邀請。
◎當選高雄市青溪新文藝學會理事。

一九九三 ◎次外孫女珍妮出生。
◎文建會暨高雄市文化中心舉辦「阿里山文藝營」學員極

短篇徵文比賽獲佳作。

◎當選高雄市攝影學會常務監事兼主編。

◎九月十一日赴大陸探親。

一九九四

◎榮獲加工出口區文藝徵文比賽小說組第三名。

◎榮獲青溪新文藝金環獎—民俗相聲銅環獎。

◎榮獲國軍新文藝金像獎—民俗相聲佳作。

一九九五

◎榮獲加工出口區文藝徵文賽小說組第二名。

◎應聘為大高雄時報採訪副主任。

◎當選港都文藝學會首任理事。

◎榮獲青溪新文藝金環獎民俗相聲佳作獎。

◎榮任基督教信義會崗山教會慶祝立會廿週年史料展覽暨編輯組長。

一九九六

◎五月廿六日當選中國文藝協會南部分會監事。

◎六月一日當選高雄市青溪文藝學會理事。

◎榮獲加工區第廿屆徵文比賽詩歌組第一名。

一九九七

◎三月廿日至卅一日赴歐洲旅遊，英國倫敦、比利時布魯塞爾、德國海德堡、荷蘭阿姆斯特丹、瑞士蘇黎世、法國巴黎。

◎五月九日至十二日金門之旅。

◎六月加工出口區第廿一屆徵文，榮獲詩歌組第一名。

◎七月卅一日至八月十一日高雄大海洋詩社應華中師大之邀，訪問三峽學院、荊州師專、西安師大、北京檢察日報，並參觀各地名勝古蹟，及遊覽長江三峽。

◎十二月榮獲青溪新文藝民俗相聲銀環獎。

◎七月卅一日，次子慎德考取文化大學政研所博士班。

◎十二月首著『心弦詩集』榮獲高雄市文化基金會獎助出版。

◎十二月蟬聯高雄市文藝協會監事。

一九九八

◎二月榮獲高雄市青溪新文藝學會頒發『優秀會員獎』。

◎三月再度擔任高雄市攝影學會會刊主編。

◎三月十五日當選基督教信義會崗山教會第七任長老。

◎四月參孫惠恩出生。

◎四月榮列高雄市作家檔案。

◎六月十日當選高雄市青溪新文藝學會第七任常務理事。

◎七月五當選高雄市中國文藝學會首任理事。

◎七月榮列『世界華人文學藝術界名人錄』第一冊388名。

◎九月廿三日至十月二日隨高雄市文藝協會應中國作家協會之邀，訪問北京、瀋陽、南京、揚州、杭州各地名勝古蹟。

◎十一月次子慎德、蕙榕夫婦一同受洗歸入耶穌基督名下。

◎十二月『走過的歲月』小說集榮獲高雄市文化基金會獎助出版。

◎十二月榮獲青溪文藝金環獎—民俗相聲類佳作獎，作品—『代平洋』。

◎攝影作品『車鼓之舞』入選八十八年高雄市藝術家聯展。

一九九九

◎三月　詩作『多放幾把椅子』獲選入一九九九年版『中國詩歌選集』。

◎六月　長子慎政畢業於中華福音神學院獲聖經碩士學位。

◎八月四日至廿一日　隨大海洋詩社，應『中國新文藝學會』

之邀，出席在內蒙古海拉爾市召開之第十六屆年會，會後遊歷哈爾濱、烏魯木齊、土魯番、敦煌、北京、承德等地風景名勝。

國家圖書館出版品預行編目資料

旅痕 / 李玉著. -- 初版. -- 臺北市 :文史哲, 民88
面 ; 公分. -- (文學叢刊 ; 95)

ISBN 957-549-243-9 (平裝)

855 88014726

文學叢刊 95

旅痕

著者：李玉
出版者：文史哲出版社
登記證字號：行政院新聞局版臺業字五三三七號
發行人：彭正雄
發行所：文史哲出版社
印刷者：文史哲出版社
臺北市羅斯福路一段七十二巷四號
郵政劃撥帳號：一六一八〇一七五
電話886-2-23511028・傳眞886-2-23965656

實價新臺幣二八〇元

中華民國八十八年十月初版

ISBN 957-549-243-9